Chinese Proficiency Grading Standards for
International Chinese Language Education

国际中文教育中文水平等级标准

词汇速记速练手册

Quick Vocabulary Handbook

朱 力 周毕吉 编著

五级
Level 5

北京语言大学出版社
BEIJING LANGUAGE AND CULTURE
UNIVERSITY PRESS

© 2023 北京语言大学出版社，社图号 23055

图书在版编目（CIP）数据

国际中文教育中文水平等级标准．词汇速记速练手册：
五级 ／ 朱力，周毕吉编著．－－ 北京 ：北京语言大学出
版社，2023.8
ISBN 978-7-5619-6279-4

Ⅰ.①国… Ⅱ.①朱…②周… Ⅲ.①汉语－词汇－
对外汉语教学－课程标准 Ⅳ.① H195.3

中国国家版本馆 CIP 数据核字（2023）第 104134 号

国际中文教育中文水平等级标准·词汇速记速练手册（五级）
GUOJI ZHONGWEN JIAOYU ZHONGWEN SHUIPING DENGJI BIAOZHUN·
CIHUI SU JI SU LIAN SHOUCE (WU JI)

排版制作：	北京光大印艺文化发展有限公司
责任印制：	周 燚

出版发行：北京语言大学出版社
社　　址：北京市海淀区学院路 15 号，100083
网　　址：www.blcup.com
电子信箱：service@blcup.com
电　　话：编 辑 部　8610-82303647/3592/3724
　　　　　国内发行　8610-82303650/3591/3648
　　　　　海外发行　8610-82303365/3080/3668
　　　　　北语书店　8610-82303653
　　　　　网购咨询　8610-82303908
印　　刷：天津画中画印刷有限公司

版　　次：2023 年 8 月第 1 版　　印　　次：2023 年 8 月第 1 次印刷
开　　本：787 毫米 × 1092 毫米　1/16　　印　　张：15.75
字　　数：215 千字
定　　价：68.00 元

PRINTED IN CHINA

凡有印装质量问题，本社负责调换。QQ：1367565611，电话：010-82303590

编写说明

《国际中文教育中文水平等级标准·词汇速记速练手册》（以下简称《词汇速记速练手册》）依据教育部和国家语委联合发布的《国际中文教育中文水平等级标准》（GF 0025—2021）（以下简称《标准》）的"词汇表"进行编写，是面向中文学习者的实用型词汇学习用书。

《词汇速记速练手册》依照《标准》"三等九级"的划分情况，共八个分册（高等为上下两册），分别收录初等一级 500 词、二级 772 词、三级 973 词，中等四级 1000 词、五级 1071 词、六级 1140 词，高等七—九级 5636 词。初等及中等分册内部以 20 个词语为一单元，高等分册内部以 60 个词语为一单元，力求将词汇学习化整为零，充分利用学习者的碎片化时间，提高词汇学习的效率，学习者可以每天完成一单元词语的学练。《词汇速记速练手册》按音序编排词语，分别从读音、词性、释义、用法四个维度对词语进行说明和展示。

《词汇速记速练手册》既可以作为学习者的 HSK 备考用书，也可以作为学习者自主学习中文词汇的学习用书。搭配中的短语、例句尽量从多角度展示词语的各种常见用法，以便学习者能够通过短语、例句的学习切实掌握词语用法。《词汇速记速练手册》初等——三级词语的短语、例句用词以不超出该等级"词汇表"的范围为原则，中等四—六级词语的短语、例句的用词以不超出该单元之前"词汇表"的范围为原则，目的是让学习者通过对《词汇速记速练手册》的学习逐步扩大词汇量，便于学习者自主学习，降低词汇学习难度。为了兼顾短语、例句的丰富性与实用性，部分短语和例句中出现了"超纲词语"，对于这种情况，我们对"超纲词语"加注拼音与英文释义，以帮助学习者理解。

《词汇速记速练手册》初等及中等分册的内部体例分为"目标词语""速记""速练"三部分，高等分册的内部体例分为"速记""重点词语""速练"三部分。

"目标词语"给出本单元需要记忆与掌握的词语，让学习者先有一个整体印象和词语学习目标。"速记"给出词语的拼音、词性、英文释义、搭配。其中，搭配中的目标词语以下画线形式进行标示，短语、例句的选择与编写力求做到典型常用，强调词语在实际语境中的运用，并严格控制"超纲词语"的数量与难度。"速练"对所学词语进行强化练习，初等及中等分册的"速练"部分分三个题型：注音与释义连线题侧重对所学词语语音及语义理解的操练，选词填空题侧重对所学词语意义及用法的考查，完形填空题侧重对易混淆词语的区分。不同的题型各有侧重，互为补充。

《词汇速记速练手册》高等分册取消了"目标词语"板块，每单元 60 个词语分为三个部分，每单元、每部分均配有形式多样的练习。在高等词汇学习阶段，考虑到学习者对部分词语深入了解及词语辨析的需要，增设"重点词语"板块，对较难理解、用法复杂的词语进行进一步说明。高等分册的"速练"部分取消了完形填空题，改为"为词语选择合适的位置"题，从句法的角度考查学生对词语的掌握情况。

词汇是国际中文教育的重点教学内容，这一点已成为业界共识，但词汇系统个性大于共性的特点也决定了词汇教学一直是国际中文教育中的薄弱环节。如何提高词汇学习效率，如何快速扩大学习者词汇量，这些问题编者一直在思考。《词汇速记速练手册》就是编者从教学实际出发，帮助中文学习者自主学习中文词汇的一种积极尝试。书中存在的不足，恳请广大使用者批评指正。

编者
2022 年 7 月

Introduction

Chinese Proficiency Grading Standards for International Chinese Language Education: Quick Vocabulary Handbook (hereinafter referred to as *Quick Vocabulary Handbook*), compiled in accordance with the "Vocabulary List" in *Chinese Proficiency Grading Standards for International Chinese Language Education* (GF 0025–2021) (hereinafter referred to as *The Standards*) co-released by China's Ministry of Education and State Language Commission, is a practical vocabulary book for Chinese language learners.

Based on the division of three stages and nine levels (elementary stage: Levels 1–3; intermediate stage: Levels 4–6; advanced stage: Levels 7–9) in *The Standards*, the *Quick Vocabulary Handbook* is composed of eight volumes (the advanced stage has two volumes), respectively including 500 words of Level 1, 772 words of Level 2, 973 words of Level 3, 1,000 words of Level 4, 1,071 words of Level 5, 1,140 words of Level 6 and 5,636 words of Levels 7–9. Each unit in the elementary and intermediate volumes has 20 words, while each unit in the advanced volume has 60 words, aiming to break up vocabulary learning into bits and pieces, so that learners' fragments of time can be made use of and their learning efficiency can be improved. Learners can finish learning and practicing one unit a day. The words in the Quick Vocabulary Handbook are arranged in alphabetic order and are explained and demonstrated from four aspects—Pinyin, word class, definition and usage.

The *Quick Vocabulary Handbook* can be used not only as an HSK preparation book, but also as a Chinese vocabulary study guide for self-directed learners. The collocations are phrases and example sentences that illustrate common usages of the words from various perspectives to help learners master these usages. For the phrases and sentences of the elementary words of Levels 1–3, the principle is that they should not use words that exceed the scope of the "Vocabulary List" of the corresponding level; for the intermediate stage of Levels 4–6, the words of the phrases and example sentences should not exceed the scope of the "Vocabulary List" before the current unit. The purpose is to help learners expand their vocabulary step by step by using the *Quick Vocabulary Handbook*, facilitate autonomous learning, and reduce the difficulty. With diversity and practicality taken into account, certain phrases and example sentences include words beyond the scope, which are provided with Pinyin and English definition to help learners understand them.

Each elementary or intermediate volume consists of three sections: "Target words", "Quick memory", and "Quick practice". Each advanced volume consists of three sections: "Quick memory", "Focus words" and "Quick practice".

"Target words" lists the words to be memorized and mastered in the current unit to give learners a whole picture and clear target. "Quick memory" offers the Pinyin, word class(es),

English definition(s), and collocations of each target word. The target words are underlined in the collocations, and the phrases and example sentences selected and written are typical and frequently used. How the words are used in real situations is emphasized and the number and difficulty of the words beyond the scope are strictly controlled. "Quick practice", an intensive practice of the words learned, includes three types of exercises in the elementary and intermediate volumes. The pronunciation/definition matching exercise emphasizes the understanding of the pronunciations and definitions of the words learned, the multiple-choice exercise stresses the practice of the meanings and usages of the words learned, and the cloze exercise focuses on the differentiation between confusable words. These types of questions differ in stress and complement each other.

The "Target words" section is removed from the advanced volume, in which each unit includes 60 words that are divided into three parts. Each part is provided with various forms of exercises. At the stage of advanced vocabulary learning, learners need to understand certain words deeper and to differentiate certain words. In light of that, a new section—"Focus words"—is added to provide further explanation of the words that are difficult to understand and complicated in usage. "Quick practice" in the advanced volume doesn't have the cloze exercise, but the word-filling exercise to test learners' mastery of words from syntax perspective.

It is generally agreed within the field that vocabulary is a focus of international Chinese education, but the fact that vocabulary systems have more differences than commonalities makes vocabulary teaching a weak link in international Chinese education. I've been constantly looking for ways to improve learners' vocabulary learning efficiency and to expand their vocabulary faster. The Quick Vocabulary Handbook, based on the reality of teaching, is one of my positive attempts to help Chinese language learners learn Chinese vocabulary independently. Any comments or suggestions you may have on this book would be highly appreciated.

The Author
July 2022

第 1 单元　Unit 1

◎ 目标词语　Target words

1. 安慰	2. 岸	3. 岸上	4. 按摩	5. 拔
6. 白酒	7. 拜访	8. 版	9. 扮演	10. 棒
11. 包围	12. 包装	13. 保卫	14. 保养	15. 报答
16. 报警	17. 抱怨	18. 背包	19. 悲剧	20. 悲伤

◎ 速记　Quick memory

1　安慰　ānwèi

（1）*v.*　comfort
谢谢你安慰我，我感觉好多了。
你给她打个电话，她需要你的安慰。
（2）*adj.*　relieved, comforted, happy
看到儿子取得这样的成绩，母亲感到很安慰。

2　岸　àn　*n.*　bank, coast

船很快就要靠岸了。
大家上岸后可以自由活动。

3　岸上　àn shang　shore, bank

小明从岸上直接跳进了河里。
岸上的游客正在排队准备上船。

4　按摩　ànmó　*v.*　massage

他为生病的父亲按摩手脚。
我的腿有点儿疼，帮我按摩按摩吧。

5　拔　bá　*v.*　pull out, pull up

妈妈想拔掉这根白头发。
你这颗（kē，*a measure word for small and roundish things*）牙坏了，拔了吧。

6　白酒　báijiǔ　*n.*　Chinese Baijiu, white liquor (usually distilled from sorghum/maize)

中国白酒的生产已有很长的历史。
这种白酒在中国很有名，价格也不贵。

7　拜访　bàifǎng　*v.*　visit, call on

拜访朋友
他打算去北京拜访那几位老教授。
太好了！我明天一定登门（dēng//mén，*call at sb.'s house*）拜访。

8 版 bǎn *n.* edition

中文版；引进版
这是最新版的《汉语词典》吗？
我买到了英文原版的《哈利·波特》。

9 扮演 bànyǎn *v.* act, play the part of

角色扮演
他在这部电影中扮演什么角色？
她在这部电影里扮演了一位警察。

10 棒 bàng *adj.* superb, terrific

这篇文章写得真棒！
他每天都坚持跑步，身体一定特别棒。

11 包围 bāowéi *v.* surround

小楼被一棵棵绿树包围着。
警察很快就包围了这个地方。

12 包装 bāozhuāng

（1）*v.* pack, wrap up
麻烦你把这件衣服包装一下儿。
我们用环保材料包装我们的产品。
在邮寄包裹时，一定要把东西包装好。
（2）*n.* package
这种巧克力的包装很吸引人。
我们对外包装进行了改进，现在使用的全部是环保材料。

13 保卫 bǎowèi *v.* defend, protect

保卫国家；保卫和平
这学期学校加强了安全保卫工作。
军人（jūnrén, soldier）保卫着国家的安全。

14 保养 bǎoyǎng *v.* take good care of (one's health); do maintenance

保养皮肤（pífū, skin）；保养汽车
张阿姨花了很多时间保养皮肤。
你多长时间给车做一次保养？

15 报答 bàodá *v.* repay, pay back

报答父母
我们要用优秀的成绩报答父母的培养。
他们给了我很大的帮助，我一定要好好报答他们。

16 报警 bào//jǐng call the police

接到报警，警察迅速赶到了事故地点。
发现火情后，他立即报了警。

17 抱怨 bào·yuàn *v.* complain, grumble

他总是抱怨作业太多。

虽然妈妈很辛苦（xīnkǔ, hard），但是她从来没有抱怨过。

| 18 | 背包 | bēibāo | *n.* | knapsack, rucksack |

他把背包忘在出租车上了。
爸爸从背包里拿出了一个相机送给我。

| 19 | 悲剧 | bēijù | *n.* | tragedy, tragic drama |

一场悲剧
这是一部爱情悲剧电影。
有人说，人生是一场充满欢乐的悲剧，你同意吗？

| 20 | 悲伤 | bēishāng | *adj.* | sad, sorrowful |

这件事让她感到悲伤。
小明悲伤地和我们道别。

◎ 速练　Quick practice

一、先根据词语写拼音，再将词语和正确的英文释义连起来
Write Pinyin according to the words, and then match the words with the correct English definitions.

1. 岸上 _____　　A. tragedy, tragic drama

2. 按摩 _____　　B. knapsack, rucksack

3. 悲剧 _____　　C. Chinese Baijiu, white liquor (usually distilled from sorghum/maize)

4. 报警 _____　　D. massage

5. 白酒 _____　　E. complain, grumble

6. 包围 _____　　F. surround

7. 背包 _____　　G. shore, bank

8. 抱怨 _____　　H. call the police

二、选择合适的词语填空　Choose the right words and fill in the blanks.

（一）　A. 安慰　　B. 白酒　　C. 包围　　D. 报警　　E. 岸

1. 我在____边等你，你游泳的时候小心点儿！

2. 这座房子被树木____着，环境真不错！

3. 那个妈妈轻声地____着自己的孩子。

4. 遇到危险一定要想办法____。

5. 相比啤酒，有的中国人更爱喝____。

（二） A.拜访　　B.包装　　C.抱怨　　D.岸上　　E.版

1. 我想看这本书的英文原____，图书馆有吗?
2. 同学们约好了周末去____王老师。
3. 我先把这本书____好再送给麦克。
4. 请你不要再____这里的天气了!
5. 站在____是学不会游泳的。

（三） A.保卫　　B.悲伤　　C.按摩　　D.扮演　　E.保养

1. 奶奶平时很注意____，所以很少生病。
2. 我们一定要____胜利果实。
3. 我们永远都不会忘记这段____的历史。
4. 他在这部电视剧中成功地____了医生的角色。
5. 下班以后，我想去____一下儿我的脚。

（四） A.悲剧　　B.拔　　C.棒　　D.报答　　E.背包

1. 请你给我们一个____你的机会。
2. 他把护照和机票都放在了____里。
3. 这是一部爱情____电影，你想看吗?
4. 风把这棵树从土里____了出来。
5. 中国女子篮球队在比赛中的表现非常____!

三、选择合适的词语完成句子　Choose the right words to complete the sentences.

1. 王明没有通过面试，妈妈____他，让他别难过。
   A.祝福　　　　B.安慰　　　　C.问候　　　　D.交流
2. 这次去北京出差（chū//chāi, be on a business trip）太忙了，我都没时间去____老朋友。
   A.拜访　　　　B.提问　　　　C.访问　　　　D.请问
3. 我们一定要____环境。
   A.保持　　　　B.保卫　　　　C.维护　　　　D.爱护
4. 我们帮助别人不求任何____。
   A.感动　　　　B.回复　　　　C.回答　　　　D.报答
5. 听完这个____的故事，我们都哭了。
   A.难受　　　　B.悲伤　　　　C.感谢　　　　D.激动

第 2 单元　Unit 2

◎ 目标词语　Target words

21. 北极	22. 被动	23. 辈	24. 本人	25. 鼻子
26. 比方	27. 比重	28. 彼此	29. 必	30. 必需
31. 毕竟	32. 闭幕	33. 闭幕式	34. 边境	35. 编辑（biānjí, v.）
36. 编辑（biānji, n.）	37. 变动	38. 便利	39. 便条	40. 便于

◎ 速记　Quick memory

21　北极　běijí　n.　the North Pole

北极的气候非常寒冷。
我们打算坐船进入北极。

22　被动　bèidòng　adj.　passive

人不应该被动地适应环境。
如果我能早点儿做决定，就不会这么被动了。

23　辈　bèi　n.　generation; lifetime

我们要尊敬爷爷，他是长辈（zhǎngbèi, elder member of a family）。
我后半辈儿的生活就全靠孩子了。

24　本人　běnrén　pron.　oneself

这件事应该由你本人来做。
他的字就像他本人一样，精神极了。

25　鼻子　bízi　n.　nose

打球的时候，她的鼻子受伤了。
小红的鼻子高高的，眼睛大大的。

26　比方　bǐfang

（1）n.　example
打比方
张教授很会打比方。
这个比方不太合适。
（2）v.　take... for example
有些汉字是多音字，比方说"行""干"。
这次旅行都安排好了，比方谁开车、住在哪儿、怎么玩儿等等。

27　比重　bǐzhòng　n.　proportion

老年人口的比重逐渐上升。
面试成绩占总成绩的比重为40%。

28 **彼此** bǐcǐ *pron.* one another, each other

我们应该彼此信任。
这两件事，彼此之间有一定的联系。

29 **必** bì *adv.* necessarily; must

你不必在乎他的态度。
只要坚持努力，你的愿望必将（jiāng，will）实现。

30 **必需** bìxū *v.* be essential, be indispensable

生活必需品
水是人类生存所必需的。
上课时，笔和本子都是必需的。

31 **毕竟** bìjìng *adv.* after all

爷爷毕竟年纪大了，精力不如以前了。
他毕竟是个孩子，对他的要求不能太高。

32 **闭幕** bì//mù close, conclude

学校的秋季运动会已圆满闭幕。
本次会议将于（yú，on/in/at）明天闭幕。

33 **闭幕式** bìmùshì *n.* closing ceremony

一场闭幕式
闭幕式上的表演非常精彩。
这是一场令人印象深刻的闭幕式。

34 **边境** biānjìng *n.* border, frontier

这里属于边境地区。
他们天黑以后才到达了边境。

35 **编辑** biānjí *v.* edit

这些资料是李教授编辑整理的。
《留学》杂志的编辑工作主要由他负责。

36 **编辑** biānji *n.* editor

她的理想是成为一名编辑。
陈编辑已经有二十多年的工作经验了。

37 **变动** biàndòng *v.* change

因为工作变动，小王搬到了另一个城市。
这几天张老师出差，我们班的课程表要变动一下儿。

38 **便利** biànlì

（1）*adj.* convenient
生活便利；交通便利
这里的交通非常便利。
附近有很多商店，买东西很便利。

（2）v.　facilitate

那座刚建好的桥便利了两地的交通。
新修的地铁站便利了附近人们的生活。

39　便条　biàntiáo　n.　(informal) note

张华给你留了一张便条。
便条上写了他的联系方式。

40　便于　biànyú　v.　be easy to, be convenient for

为了便于理解，老师把这首古诗翻译成了现代汉语。
老师把汉语拼音编成了一首歌，便于我们记忆（jìyì, remember）。

◎ 速练　Quick practice

一、先根据词语写拼音，再将词语和正确的英文释义连起来
Write Pinyin according to the words, and then match the words with the correct English definitions.

1. 北极 ＿＿＿＿＿＿＿　　　　　　A. edit; editor

2. 比重 ＿＿＿＿＿＿＿　　　　　　B. closing ceremony

3. 便于 ＿＿＿＿＿＿＿　　　　　　C. nose

4. 便条 ＿＿＿＿＿＿＿　　　　　　D. be easy to, be convenient for

5. 编辑 ＿＿＿＿＿＿＿　　　　　　E. border, frontier

6. 边境 ＿＿＿＿＿＿＿　　　　　　F. (informal) note

7. 鼻子 ＿＿＿＿＿＿＿　　　　　　G. the North Pole

8. 闭幕式 ＿＿＿＿＿＿＿　　　　　H. proportion

二、选择合适的词语填空　Choose the right words and fill in the blanks.

（一）　A. 北极　　B. 必需　　C. 辈　　D. 本人　　E. 鼻子

1. 爷爷给我讲了很多他们那一＿＿＿的故事。

2. 如果有机会，我想去＿＿＿看一看。

3. 这张照片和他＿＿＿一点儿也不像。

4. 外面很冷吗？你的＿＿＿都红了。

5. 要想学好这门课，这几本书都是＿＿＿的。

（二）　A. 比方　　B. 比重　　C. 彼此　　D. 必　　E. 被动

1. 我们＿＿＿欣赏（xīnshǎng, admire），互帮互助。

2. 这几种药都是家庭＿＿＿备的，可以解决常见的小毛病。

3. 要想取得好成绩，应该主动学习，而不是____接受知识。

4. 他喜欢运动，____说踢足球、打篮球、游泳。

5. 游戏在这节课里占的____太大了，你应该调整一下儿。

（三）　　A.便于　　B.闭幕　　C.编辑　　D.变动　　E.边境

1. 你还是带着电脑吧，这样____工作。

2. 我已经把文章发给____了，请她提修改意见。

3. 我们正在去往____的路上。

4. 如果你的居住地址有____，一定要及时告诉学校。

5. 本次会议将于2023年8月8日____。

（四）　　A.闭幕式　　B.便利　　C.毕竟　　D.编辑　　E.便条

1. 我____还没有工作，花钱的时候能省就省吧。

2. 妈妈出门之前在桌子上留了一张____。

3. 我重新____了这条信息，你看行吗?

4. 随着地铁线路（xiànlù，line, route）的增加，人们的出行（chūxíng，go on a trip）越来越____了。

5. 2008年北京奥运会（Àoyùnhuì，Olympic Games）的____给很多人留下了深刻的印象。

三、选择合适的词语完成句子　Choose the right words to complete the sentences.

1. 那儿有一家____店。
   A.便利　　　　B.便宜　　　　C.随便　　　　D.方便

2. 如果没做好计划，你在工作上就会很____。
   A.紧急　　　　B.主动　　　　C.被动　　　　D.被迫

3. 这个学期的课程安排发生了一些____。
   A.变成　　　　B.转变　　　　C.改进　　　　D.变动

4. 衣服是生活____品。
   A.必需　　　　B.必要　　　　C.必须　　　　D.需要

5. 我们之间不分____。
   A.左右　　　　B.彼此　　　　C.互相　　　　D.相互

第 3 单元　Unit 3

◎ 目标词语　Target words

41. 宾馆	42. 饼	43. 饼干	44. 病毒	45. 玻璃
46. 博客	47. 博览会	48. 博士	49. 博物馆	50. 薄弱
51. 不顾	52. 不利	53. 不耐烦	54. 不幸	55. 不易
56. 补偿	57. 补贴	58. 不曾	59. 不得了	60. 不敢当

◎ 速记　Quick memory

41　宾馆　bīnguǎn　n.　hotel

医院附近有很多宾馆。
这家宾馆看起来不错。

42　饼　bǐng　n.　round flat cake

我觉得鸡蛋饼比油饼更好吃。
他把买来的大烧饼切成了四块。

43　饼干　bǐnggān　n.　biscuit, cookie

一块饼干
她给孩子做了一些饼干。
这个牌子的饼干我还没吃过。

44　病毒　bìngdú　n.　virus

经常洗手能有效预防病毒传播。
这台电脑中病毒了，你用那一台吧。

45　玻璃　bōli　n.　glass

这朵花是用玻璃做的。
玻璃窗有点儿脏，得请人来擦一擦。

46　博客　bókè　n.　blog

你有多久没写博客了？
这是我新开的博客，你有时间可以看看。

47　博览会　bólǎnhuì　n.　fair, exposition

我们公司的产品将在这次博览会上展出。
第31届［jiè, session (of a conference)］中国食品博览会于2023年6月在武汉举行。

48　博士　bóshì　n.　doctor (as an academic degree)

哥哥想去国外读博士。
李丽花了两年的时间写博士论文。

49 博物馆　bówùguǎn　*n.*　museum

全中国各类博物馆有6000多家。
他在自然博物馆找到了一份工作。

50 薄弱　bóruò　*adj.*　weak

他不是一个意志（yìzhì, will）薄弱的人。
工业基础薄弱、居民的消费水平不高是这里经济发展不好的主要原因。

51 不顾　búgù　*v.*　not care about, ignore

他不顾大家的反对，一个人开车出发了。
他总是不顾别人的感受，想说什么就说什么。

52 不利　búlì　*adj.*　adverse, disadvantageous

不利影响；不利条件
这种天气对植物的生长产生了不利的影响。
长期在家上网课不利于学生的身体和心理健康。

53 不耐烦　bú nàifán　impatient

她的回答听起来很不耐烦。
他已经等得不耐烦了，咱们得快点儿。

54 不幸　búxìng　*adj.*　unlucky, unfortunate

这些不幸的消息使她感到非常悲伤。
这家工厂不幸发生了火灾（huǒzāi, fire accident）。

55 不易　búyì　*adj.*　difficult, hard

人的性格不易改变。
有些道理不易讲得明白。

56 补偿　bǔcháng　*v.*　make up for, compensate

经济补偿
我们保证会补偿你一笔钱。
张明在事故中受了伤，却没有得到任何补偿。

57 补贴　bǔtiē

（1）*v.*　subsidize
他每个月补贴家里一千块钱。
政府补贴的资金已经到了，我们可以开始生产了。
（2）*n.*　subsidy, allowance
这些补贴已经被取消了。
这些学生每个月都能领一笔生活补贴。

58 不曾　bùcéng　*adv.*　never, not yet

他的态度始终不曾改变。
我还不曾经历过这样的事。

| 59 | **不得了** | bùdéliǎo | *adj.* | terrible, disastrous; extremely |

<u>不得了</u>，着火了！
我们的任务多得<u>不得了</u>。
李明在这儿生活了三年，对这儿熟悉得<u>不得了</u>。

| 60 | **不敢当** | bùgǎndāng | *v.* | I wish I deserved the compliment., You flatter me. |

您对我的称赞，我实在<u>不敢当</u>。
A：你中国话说得真好！
B：<u>不敢当</u>。

◎ 速练　Quick practice

一、先根据词语写拼音，再将词语和正确的英文释义连起来
Write Pinyin according to the words, and then match the words with the correct English definitions.

1. 不曾 _____　　A. biscuit, cookie

2. 补贴 _____　　B. museum

3. 宾馆 _____　　C. glass

4. 博览会 _____　　D. never, not yet

5. 饼干 _____　　E. fair, exposition

6. 病毒 _____　　F. subsidize; subsidy, allowance

7. 博物馆 _____　　G. hotel

8. 玻璃 _____　　H. virus

二、选择合适的词语填空　Choose the right words and fill in the blanks.

（一）　A. 宾馆　　B. 博客　　C. 不顾　　D. 补偿　　E. 饼

1. 我们会尽力____您。

2. 越来越多的人因为他写的____喜欢上了他。

3. 这个____的味道很不错，你尝尝。

4. 这家____的服务很好，环境也不错。

5. 他____父母的反对，决心去北京上大学。

（二）　A. 博览会　　B. 不利　　C. 补贴　　D. 饼干　　E. 博士

1. 我带了一些____和水，你要不要？

2. 2024年的国际汽车____将在中国广州举办。

3. 哥哥明年就____毕业了。

4. 虽然有很多____条件，但我们还是要想办法完成这件事。

5. 这个月的住房____还没有发。

（三）　　A. 不耐烦　　B. 不曾　　C. 病毒　　D. 博物馆　　E. 不幸

1. ____的是，这样的事故一再发生。

2. 在老师的带领下，我们参观了中国国家____。

3. 她很____地回答了孩子的问题。

4. 麦克还____经历过这样的情况。

5. 面对这种____，人类目前还毫无（háo wú, not in the least）办法。

（四）　　A. 不得了　　B. 玻璃　　C. 不易　　D. 薄弱　　E. 不敢当

1. 大家见面____，要好好珍惜（zhēnxī, cherish）这次机会啊。

2. 这本练习册对数学基础____的同学很有帮助。

3. 你这么说，我可____。

4. 这些都是用____做的，要轻拿轻放。

5. 孩子对这个礼物喜欢得____。

三、选择合适的词语完成句子　Choose the right words to complete the sentences.

1. 我们要怎么做才能____你？
   A. 充满　　　B. 补贴　　　C. 补充　　　D. 补偿

2. 现在的情况对我们____，我们得重新想一个计划。
   A. 有利　　　B. 便利　　　C. 不利　　　D. 胜利

3. 听到这个____的消息，我的心情很沉重。
   A. 不幸　　　B. 幸运　　　C. 运气　　　D. 幸福

4. 小明的语文基础比较____。
   A. 坚固　　　B. 薄弱　　　C. 坚强　　　D. 固定

5. 这道菜好吃得____，你不想试试吗？
   A. 不得了　　B. 了不起　　C. 极了　　　D. 很棒

第 4 单元　Unit 4

◎ 目标词语　Target words

61. 不良	62. 不免	63. 不能不	64. 不时	65. 不停
66. 不许	67. 不止	68. 不足	69. 部位	70. 猜
71. 猜测	72. 裁判	73. 采购	74. 彩票	75. 餐馆
76. 餐厅	77. 餐饮	78. 草原	79. 册	80. 层次

◎ 速记　Quick memory

61　**不良**　bùliáng　*adj.*　bad, harmful

<u>不良</u>现象
这种行为会带来哪些<u>不良</u>影响？
我吃了这种药，没有任何<u>不良</u>反应。

62　**不免**　bùmiǎn　*adv.*　unavoidably, inevitably

他说的话<u>不免</u>让人误会。
等了一个小时车还没来，他<u>不免</u>有些着急。

63　**不能不**　bù néng bù　have to, cannot but

父母<u>不能不</u>为孩子的未来考虑。
老师<u>不能不</u>考虑每个学生的具体情况。

64　**不时**　bùshí　*adv.*　frequently, every now and then

上课的时候，他<u>不时</u>向窗外看。
麦克听得非常认真，<u>不时</u>把老师说的话记在本子上。

65　**不停**　bù tíng　non-stop

今天的表演让观众笑个<u>不停</u>。
一看到爸妈，他就<u>不停</u>招手（zhāo//shǒu, wave）。

66　**不许**　bùxǔ　*v.*　not allow, not permit

妈妈<u>不许</u>弟弟参加游戏比赛。
如果我告诉你，你<u>不许</u>笑话我。

67　**不止**　bùzhǐ　*v.*　more than, beyond (a certain number/field)

有些汉字<u>不止</u>一个读音。
张明<u>不止</u>一次地表示自己不喜欢喝酒。

68　**不足**　bùzú

（1）*adj.*　not enough, insufficient
经验<u>不足</u>

这次失败是因为我们的准备不足。
老板想了很多办法，终于解决了资金不足的问题。
（2）v. less than
学校离江边不足1公里。
如果报名选课的人数不足10人，这门课就会取消。

69 **部位** bùwèi *n.* (body) part

发音部位
这个部位叫什么名字？
骑车时，要保护好这些身体部位。

70 **猜** cāi *v.* guess

这道题我是猜对的。
你猜盒子里装的是什么。

71 **猜测** cāicè *v.* guess, conjecture, speculate

不要随便猜测别人的想法。
不少人猜测他会是这场比赛的冠军（guànjūn, champion）。

72 **裁判** cáipàn

（1）*v.* referee (a match)
这场比赛存在裁判不公的现象。
请大家按照统一的标准对比赛进行裁判。
（2）*n.* umpire, referee
做篮球裁判需要很多专业知识。
她的理想是成为一名足球裁判。

73 **采购** cǎigòu

（1）*v.* purchase
王明在网上采购的东西还没到。
他每周六去超市采购一周的生活必需品。
（2）*n.* buyer
他在一家大型超市当采购。
在这些采购中，小王的工作经验是最丰富的。

74 **彩票** cǎipiào *n.* lottery

彩票的类型有很多种。
这是我第一次买彩票，希望能中奖！

75 **餐馆** cānguǎn *n.* restaurant

这家餐馆的鸡汤很有名。
老李已经开了六家餐馆了，还打算再开一家。

76 **餐厅** cāntīng *n.* restaurant; dining room

她常常到这家餐厅吃饭。
我家的餐厅和客厅（kètīng, living room）在一块儿。

| 77 | 餐饮 | cānyǐn | *n.* | catering, repast |

餐饮业
餐饮行业的卫生标准要求非常高。
火车上提供餐饮服务，如有需要，可以去餐车。

| 78 | 草原 | cǎoyuán | *n.* | grassland, prairie |

真想去草原骑马！
草原上的人民过着幸福的生活。

| 79 | 册 | cè | *m.* | *a measure word for volumes* |

这套书一共8册。
那本小说现在卖了2万册。

| 80 | 层次 | céngcì | *n.* | arrangement/sequence of ideas; gradation |

这篇文章层次清楚，观点明确，写得很好。
这部电影适合不同年龄（niánlíng, age）层次的观众观看。

◎ 速练　Quick practice

一、先根据词语写拼音，再将词语和正确的英文释义连起来
Write Pinyin according to the words, and then match the words with the correct English definitions.

1. 不免 ＿＿＿＿＿＿＿　　　　A. bad, harmful

2. 不停 ＿＿＿＿＿＿＿　　　　B. catering, repast

3. 不许 ＿＿＿＿＿＿＿　　　　C. grassland, prairie

4. 猜测 ＿＿＿＿＿＿＿　　　　D. unavoidably, inevitably

5. 不良 ＿＿＿＿＿＿＿　　　　E. arrangement/sequence of ideas; gradation

6. 餐饮 ＿＿＿＿＿＿＿　　　　F. not allow, not permit

7. 草原 ＿＿＿＿＿＿＿　　　　G. non-stop

8. 层次 ＿＿＿＿＿＿＿　　　　H. guess, conjecture, speculate

二、选择合适的词语填空　Choose the right words and fill in the blanks.

（一）　A. 不良　　B. 不许　　C. 猜测　　D. 餐厅　　E. 不免

1. 从他们的对话中，我们可以＿＿出他们并不认识彼此。

2. 人这一生，＿＿会犯（fàn, violate）错，改了就好。

3. 抽烟、喝酒等＿＿习惯对身体不好。

4. 这件事＿＿告诉别人。

5. 我一边上学，一边在学校的＿＿打工。

（二） A.不止　　B.裁判　　C.餐饮　　D.不能不　　E.不足

1. 哥哥想做＿＿生意。

2. 这句话你＿＿说过一次。

3. 我们应该尊重＿＿的意见。

4. 年纪大了以后，我时常感到精力＿＿。

5. 她的婚礼我＿＿去。

（三） A.采购　　B.不时　　C.部位　　D.彩票　　E.册

1. 虽然从来没中过，但是他每周都要买一次＿＿。

2. 这次＿＿任务由你来负责。

3. 教室外面＿＿传来小鸟的叫声。

4. 这部书分为上下两＿＿，一共73万字。

5. 你应该去医院检查一下儿受伤的＿＿。

（四） A.不停　　B.猜　　C.餐馆　　D.层次　　E.草原

1. 这家店满足了不同＿＿顾客的消费需求。

2. ＿＿上分散着数不清的牛羊。

3. 你的想法太好＿＿了！

4. 他已经＿＿地工作了12个小时了。

5. 这家＿＿上周才开业，听说菜的味道不错。

三、选择合适的词语完成句子　Choose the right words to complete the sentences.

1. 公司决定由小马来负责生产材料的＿＿。

　　A.采用　　　　B.采购　　　　C.购物　　　　D.采取

2. 老师＿＿给我鼓励（gǔlì, encouragement），我学习中文的动力更足了。

　　A.不时　　　　B.平时　　　　C.很少　　　　D.往往

3. 这场比赛将由李老师做＿＿。

　　A.判断　　　　B.导演　　　　C.谈判　　　　D.裁判

4. 要想打败他，你现在的水平还＿＿。

　　A.满足　　　　B.不够　　　　C.满意　　　　D.足够

5. 要想成功，你就＿＿努力。

　　A.能不能　　　B.不能　　　　C.不能不　　　D.可能

16

第 5 单元　Unit 5

◎ 目标词语　Target words

81. 叉	82. 叉子	83. 差别	84. 差距	85. 插
86. 查询	87. 差（一）点儿	88. 拆	89. 拆除	90. 产业
91. 长度	92. 长寿	93. 肠	94. 尝	95. 尝试
96. 厂长	97. 场面	98. 倡导	99. 超越	100. 车主

◎ 速记　Quick memory

81　叉　chā　*v.*　fork, spear

他叉起一个鸡蛋放到了面包上。
这里的河面很宽，河水不深不浅，是叉鱼的好地方。

82　叉子　chāzi　*n.*　fork

请给我一把叉子，谢谢。
你习惯用叉子还是用筷子？

83　差别　chābié　*n.*　difference

这两件衣服有差别吗？
这两个字的差别很小，写的时候要注意。

84　差距　chājù　*n.*　gap, disparity

知识的差距；能力的差距；收入差距；找出差距
在比赛中，我认识到了自己和别人的差距。
通过努力学习，安华缩小了和其他同学的差距。

85　插　chā　*v.*　stick (in), insert; interpose

奶奶在头上插了一朵花。
她说话的时候，别人都插不上话。

86　查询　cháxún　*v.*　inquire, search

查询成绩
通过网络可以查询这家餐馆的地址和电话。
我查询了一些相关信息，希望对写论文有帮助。

87　差（一）点儿　chà(yì)diǎnr　*adv.*　almost, nearly

他儿子差点儿没考上大学。
他差一点儿忘了今天有考试。

88　拆　chāi　*v.*　open, take apart; pull down, dismantle

拆开；拆包装；拆房子

拆礼物的感觉真好!
政府决定拆掉这座石桥。

89 **拆除** chāichú v. dismantle, remove, pull down

拆除旧设备
我打算拆除车上的报警装置。
这座小楼下周就要被拆除了。

90 **产业** chǎnyè n. industry

中国的电子信息产业发展很快。
旅游产业的发展可以带动当地经济发展。

91 **长度** chángdù n. length

A4纸的长度是多少?
这张桌子的长度正合适。

92 **长寿** chángshòu adj. long-lived

祝您健康长寿!
这是一个非常有名的长寿村。

93 **肠** cháng n. intestines; sausage

医生说我的肠功能不太正常。
我喜欢吃鱼肉肠。

94 **尝** cháng v. taste, try the flavor of; experience

你负责做菜,我负责尝味道。
工作后,我尝到了生活的不易。

95 **尝试** chángshì

(1) v. try, attempt
我尝试过在线网课,效果还不错。
我尝试着骑自行车,骑起来并没有我想象中那么难。
(2) n. experiment, attempt
我还没在这方面做过尝试。

96 **厂长** chǎngzhǎng n. factory director

新厂长;选厂长
李友当上了这家药厂的厂长。
厂长出国考察去了,下周才能回来。

97 **场面** chǎngmiàn n. occasion, scene

大场面;热闹的场面;紧张的场面
这是一个激动人心的场面。
大家都在讨论昨天的闭幕式,场面十分热烈。

98 **倡导** chàngdǎo v. initiate, advocate

在学校的倡导下,越来越多的同学开始早起跑步。
由于国家的倡导和支持,电子信息产业得到了迅速发展。

| 99 | 超越 | chāoyuè | v. | surpass, (go) beyond |

一个人最大的成功就是<u>超越</u>自己。
他的思想成熟程度<u>超越</u>了他的年龄。

| 100 | 车主 | chēzhǔ | n. | car owner, vehicle owner |

这位<u>车主</u>同意为事故负责。
查一下儿,谁是这辆车的<u>车主</u>。

◎ 速练 Quick practice

一、先根据词语写拼音,再将词语和正确的英文释义连起来
Write Pinyin according to the words, and then match the words with the correct English definitions.

1. 拆除 _____   A. stick (in), insert; interpose

2. 场面 _____   B. length

3. 长寿 _____   C. car owner, vehicle owner

4. 厂长 _____   D. industry

5. 长度 _____   E. dismantle, remove, pull down

6. 插 _____   F. occasion, scene

7. 产业 _____   G. factory director

8. 车主 _____   H. long-lived

二、选择合适的词语填空 Choose the right words and fill in the blanks.

(一)   A. 叉   B. 查询   C. 长度   D. 厂长   E. 差(一)点儿

1. 他是我们厂的老____,是三年前退休的。

2. 这条地铁的总____为35公里。

3. 中国队____就赢了这场比赛,太可惜(kěxī, pity)了!

4. 大家可以上网____HSK考试的成绩了。

5. 小明正在用叉子____肉吃。

(二)   A. 叉子   B. 长寿   C. 场面   D. 差别   E. 拆

1. 对不起,我不小心____开了你的信。

2. 我还不习惯用____吃饭。

3. ____的人一般都比较乐观。

4. 导演今天要拍一个大____。

5.这两种做法有很大的____。

（三） A.肠 B.倡导 C.差距 D.拆除 E.尝

1.那座旧房子已经被____了。

2.这个部位一按就疼，说明____功能出了问题。

3.学校____大家节约用水。

4.我和爱人之间的收入____在逐渐缩小。

5.____过之后，你就再也忘不了这个味道了。

（四） A.超越 B.插 C.产业 D.尝试 E.车主

1.只有勇敢____，才能找到解决问题的方法。

2.我要继续努力，争取____过去取得的成绩。

3.这辆车的____是我的邻居，我知道怎么联系他。

4.我想____一句，可以吗？

5.我们要大力发展信息技术____。

三、选择合适的词语完成句子 Choose the right words to complete the sentences.

1.A：你对房子有什么要求？

　B：首先，房租每个月不能____2000元；其次，交通便利。

　A.超过　　　　B.超越　　　　C.通过　　　　D.过分

2.你都没____过，怎么知道这个游戏不好玩儿？

　A.尝　　　　　B.考试　　　　C.面试　　　　D.尝试

3.他的成功离不开教练的____。

　A.倡导　　　　B.指导　　　　C.导游　　　　D.指出

4.他们分手的原因是两个人的消费水平____太大。

　A.区别　　　　B.分别　　　　C.差别　　　　D.差距

5.图书馆里有读者服务台，你可以在那儿____有没有你要找的书。

　A.检查　　　　B.检测　　　　C.查询　　　　D.收看

第6单元　Unit 6

◎ **目标词语**　Target words

101. 称	102. 称号	103. 成本	104. 成交	105. 成效
106. 成语	107. 承办	108. 城里	109. 乘	110. 乘车
111. 乘客	112. 乘坐	113. 吃力	114. 池子	115. 迟
116. 冲动	117. 冲突	118. 充足	119. 愁	120. 丑

◎ **速记**　Quick memory

101　称　chēng　*v.*　call, be known as

人们把哈尔滨（Hā'ěrbīn）称作"冰城"。
医生被人们称为"白衣天使（tiānshǐ, angel）"。

102　称号　chēnghào　*n.*　title, name, designation

麦克今年获得了"优秀学生"的称号。
她得到了"先进员工"的光荣（guāngróng, honorable）称号。

103　成本　chéngběn　*n.*　cost

做生意必须考虑成本和收益的关系。
这种产品的成本并不高，但是卖得很贵。

104　成交　chéng//jiāo　make a bargain, conclude a transaction

这套房子最后的成交价格是300万元。
谈了一个月，这笔生意还是没能成交。

105　成效　chéngxiào　*n.*　effect, result

我用过这种方法，成效不大。
学习如果想有成效，就必须专心。

106　成语　chéngyǔ　*n.*　set phrase, idiom

我们学了很多成语故事。
他说话的时候喜欢用成语。

107　承办　chéngbàn　*v.*　undertake

这次会议将由我们公司承办。
这家酒店常常承办大型宴会（yànhuì, banquet）。

108　城里　chénglǐ　*n.*　areas inside a city/town

城里比农村热闹多了。
爷爷不习惯城里的生活，他想回老家。

109 **乘** chéng *v.* take (a train, plane, boat, etc.)

他选择乘高铁去北京。
我们都是乘飞机来的。

110 **乘车** chéng chē take (a bus, car, etc.)

请大家排队乘车。
你坐反了，去动物园得到对面乘车。

111 **乘客** chéngkè *n.* passenger

车上的乘客都休息了。
这名乘客要求提前下车。

112 **乘坐** chéngzuò *v.* take (a train, plane, boat, etc.)

欢迎大家乘坐本次航班！
政府倡导大家多乘坐公共汽车和地铁。

113 **吃力** chīlì *adj.* strenuous, laborious, requiring effort

学习吃力；工作吃力
数学让他感到很吃力。
老奶奶提着东西吃力地走着。

114 **池子** chízi *n.* pond, pool

这里原来有一个池子，前几年填平了。
一到夏天，池子里就开满了莲花（liánhuā, lotus）。

115 **迟** chí *adj.* late, delayed

你的作业怎么交得这么迟？
你来迟了，火车已经开走了。

116 **冲动** chōngdòng

（1）*n.* impulse
购物冲动
他突然有了创作冲动。
看到其他人都成功了，她也有了试一试的冲动。

（2）*adj.* impulsive
哥哥是一个容易冲动的人。
遇事要冷静，千万不能冲动。

117 **冲突** chōngtū

（1）*v.* clash, conflict
因为一点儿小事，他们俩又冲突起来了。
这两个会的时间冲突了，我只能参加一个。

（2）*n.* clash, conflict
有冲突；语言上的冲突
一些人与警察发生了冲突。
双方都在想办法解决这次冲突。

118 充足 chōngzú *adj.* adequate, sufficient, abundant

雨水充足；理由充足；费用充足
这里阳光充足，适合植物生长。
没有充足的资金，什么生意都做不了。

119 愁 chóu *v.* be worried/anxious

别愁，我们一定能找到办法。
因为买房子的钱不够，他愁得好几天没睡好觉。

120 丑 chǒu *adj.* ugly

这身衣服真丑。
美丑不应该成为判断一个人好坏的标准。

◎ 速练 Quick practice

一、先根据词语写拼音，再将词语和正确的英文释义连起来
Write Pinyin according to the words, and then match the words with the correct English definitions.

1. 迟 _____   A. effect, result

2. 成效 _____   B. set phrase, idiom

3. 城里 _____   C. ugly

4. 成语 _____   D. pond, pool

5. 成本 _____   E. late, delayed

6. 吃力 _____   F. areas inside a city/town

7. 池子 _____   G. cost

8. 丑 _____   H. strenuous, laborious, requiring effort

二、选择合适的词语填空 Choose the right words and fill in the blanks.

（一） A. 称号   B. 成语   C. 乘客   D. 冲动   E. 称

1. ____们对高铁上的服务非常满意。

2. 爷爷曾多次得到"先进工作者"的____。

3. 这部动画片是根据一个____故事制作的。

4. 这种鸟被人们____为"森林医生"。

5. 她一____就买了很多衣服。

（二） A. 承办   B. 乘坐   C. 城里   D. 冲突   E. 成本

1. ____车多人也多，我还是愿意住在农村。

2. 一定要计算好____！

3. 我们没有____过这种会议。

4. 他们____火车，一路看到了很多美丽的景色。

5. 虽然我们的观点____，但我们还是朋友。

（三） A.吃力 B.充足 C.成交 D.乘 E.池子

1. 那幅（fú, *a measure word for cloth, pictures, scrolls, etc.*）画儿以三万元的价格____了。

2. 以前，从武汉____火车去上海需要十四个小时。

3. 用中文写文章对我来说相当____。

4. 那个____里养了很多鱼。

5. 时间还很____，没写完试卷的同学不用着急。

（四） A.愁 B.丑 C.乘车 D.迟 E.成效

1. 春节时，____的人比平时要少。

2. 我昨晚睡得太____了，今天早上差点儿没起来。

3. 哥哥坚持跑步，已经看到____了。

4. 有的小孩儿刚出生的时候很____，但长大后会越来越好看。

5. 到底发生了什么事，让你这么____？

三、选择合适的词语完成句子 Choose the right words to complete the sentences.

1. 他获得了"优秀志愿者"的____。

   A. 称号 B. 称为 C. 称赞 D. 名称

2. 王明在____去学校的路上遇到了同学。

   A. 乘 B. 乘坐 C. 乘车 D. 乘客

3. 她十分钟内买了三件新衣服，很____。

   A. 自动 B. 冲突 C. 发动 D. 冲动

4. 体育馆里正在____游泳比赛呢。

   A. 办理 B. 举办 C. 办法 D. 承办

5. 父母要保证孩子有____的睡眠。

   A. 充满 B. 充分 C. 充足 D. 补充

第 7 单元　Unit 7

◎ 目标词语　Target words

121. 臭	122. 出版	123. 出差	124. 出汗	125. 出于
126. 初期	127. 除非	128. 除夕	129. 厨房	130. 处罚
131. 处分	132. 处在	133. 传达	134. 传递	135. 传真
136. 窗帘	137. 闯	138. 创立	139. 辞典	140. 辞职

◎ 速记　Quick memory

121　**臭**　chòu　*adj.*　smelly, foul, stinky

爸爸的脚太臭了！
我闻到了一股（gǔ, *a measure word for gas, smell, strength, etc.*）臭味儿。

122　**出版**　chūbǎn　*v.*　publish

他又出版了一本小说。
这本书是上个月出版的。

123　**出差**　chū//chāi　be on a business trip

厂长出差了，下个月回来。
爸爸去上海出了一周差。

124　**出汗**　chū//hàn　perspire, sweat

出汗以后别马上洗澡，容易感冒。
太热了，我出了一身汗。

125　**出于**　chūyú　*v.*　be motivated/dictated by

你这么做到底出于什么目的？
我这么做只是出于习惯，没有什么特别的原因。

126　**初期**　chūqī　*n.*　initial stage, early days, preliminary stage

20世纪90年代初期，电脑开始普及。
早在建校初期，我们大学就从国外引进了很多人才。

127　**除非**　chúfēi

（1）*conj.*　(*indicating a premise*) only if, only when
除非有重要的事，他才会请假。
除非天气不好，否则比赛不会取消。
（2）*prep.*　except; unless
去海边的路，除非他没有人认识。
我常常会忘事，除非把要做的事情都写下来。

128 除夕　chúxī　n.　Chinese New Year's Eve

过了除夕，就是新的一年了。
每年除夕，他都要和家人一起吃饺子。

129 厨房　chúfáng　n.　kitchen

他把厨房打扫得非常干净。
我打算重新装修一下儿厨房。

130 处罚　chǔfá

（1）v.　punish, penalize
交警处罚了这几名司机。
市场管理局对这种不诚信行为进行了处罚。
（2）n.　punishment, penalty
处罚很重
这个处罚不公平。
学校对他的处罚没有问题。

131 处分　chǔfèn

（1）n.　punishment
学校打算取消对她的处分。
他违反（wéifǎn, violate）了学校的规定，受到了处分。
（2）v.　take disciplinary action against, punish
公司处分了两名迟到的员工。
因为失职，他被公司处分过两次。

132 处在　chǔzài　v.　be (in a certain position/condition)

我们处在一个不断变化的世界里。
处在他的位置上，我们才理解了他的不易。

133 传达　chuándá　v.　convey, transmit, relay

传达信息；传达精神
班长向我们传达了学校的安排。
经理及时向大家传达了公司的决定。

134 传递　chuándì　v.　transmit, deliver, transfer

传递出去；传递文件
你们在传递什么东西？
我们要想办法把消息传递给他。

135 传真　chuánzhēn

（1）n.　fax, facsimile
这是刚收到的传真。
你给他们发一份传真吧。
（2）v.　fax, send by facsimile
我要把这份文件传真给他。
老师把全班同学的名单传真给了旅行社。

136 **窗帘**   chuānglián   *n.*   curtain

一幅窗帘；做窗帘；挂上窗帘
这个房间需要装一幅窗帘。
拉上窗帘吧，外面太亮了。

137 **闯**   chuǎng   *v.*   rush, dash, break (into)

闯进去；闯过去
李师傅今天开车又闯红灯了。
关好门，别让外面的人闯进来。

138 **创立**   chuànglì   *v.*   found, set up

这家医院最早是在上海创立的。
为庆祝公司创立10周年，老板给大家安排了一次旅行。

139 **辞典**   cídiǎn   *n.*   dictionary

一本辞典
这是一本中药知识辞典。
老师给我们推荐（tuījiàn，recommend）了一本汉语大辞典。

140 **辞职**   cí//zhí   resign, quit one's job

哥哥辞职了，正在找新的工作。
我是昨天辞的职，领导已经批准了。

◎ 速练   Quick practice

一、先根据词语写拼音，再将词语和正确的英文释义连起来
Write Pinyin according to the words, and then match the words with the correct English definitions.

1. 除夕 _____   A. publish

2. 出汗 _____   B. dictionary

3. 闯 _____   C. fax, facsimile; fax, send by facsimile

4. 出版 _____   D. resign, quit one's job

5. 窗帘 _____   E. perspire, sweat

6. 辞典 _____   F. Chinese New Year's Eve

7. 传真 _____   G. rush, dash, break (into)

8. 辞职 _____   H. curtain

二、选择合适的词语填空   Choose the right words and fill in the blanks.

（一）   A. 臭   B. 初期   C. 处分   D. 窗帘   E. 出版

1. 这本书是十年前____的。

2. 这种小吃闻起来____，吃着香。

3. 家里的____该洗了。

4. 公司正处于创业____，肯定会遇到很多困难。

5. 如果你继续犯错，一定会受到____。

（二） A. 除非　　B. 处在　　C. 闯　　D. 出汗　　E. 除夕

1. 他一干活儿就____。

2. ____夜，一家人聚在了一起。

3. 今年的销售工作还____准备阶段。

4. ____大家都同意，否则我们不能做决定。

5. 他____进了医生的办公室。

（三） A. 传达　　B. 创立　　C. 出差　　D. 厨房　　E. 传递

1. 北京大学____于1898年。

2. 他每个月都要去北京____。

3. 妈妈对新____很满意。

4. 小王把球____给了我，但我没有接住。

5. 他把老板的意思____得很清楚。

（四） A. 辞职　　B. 出于　　C. 处罚　　D. 传真　　E. 辞典

1. 还没收到他发来的____。

2. 这家饭店因为食品卫生问题被____了。

3. ____同情，他买下了所有的花。

4. 我打算下个月____，专心考研究生。

5. 想了解中国酒文化的人可以看看《中国酒文化____》。

三、选择合适的词语完成句子　Choose the right words to complete the sentences.

1. 汉字在中国经历了____的发展过程。

　　A. 长期　　　　B. 短期　　　　C. 延期　　　　D. 初期

2. 张经理正在向我们____公司的要求。

　　A. 传递　　　　B. 传达　　　　C. 流传　　　　D. 传说

3. 这项技术仍____初期发展阶段。

　　A. 处分　　　　B. 处罚　　　　C. 处在　　　　D. 处理

4. 北京大学是在1898年____的。

    A. 创作   B. 创造   C. 创新   D. 创立

5. 爸爸昨天____了一个重要会议。

    A. 出口   B. 出差   C. 派出   D. 出席

第 8 单元　Unit 8

◎ 目标词语　Target words

141. 此后	142. 此刻	143. 此时	144. 聪明	145. 从而
146. 从中	147. 脆	148. 存款	149. 寸	150. 达成
151. 答	152. 答复	153. 打	154. 打扮	155. 打包
156. 打击	157. 打架	158. 打扰	159. 大胆	160. 大都

◎ 速记　Quick memory

141　此后　cǐhòu　*n.*　the time after this/that, from then on

　　她七岁时掉进过湖里，此后一直怕水。
　　她去年冬天生病了，此后一直没来上课。

142　此刻　cǐkè　*n.*　this moment/juncture

　　也许从此刻开始，历史将被改写。
　　此刻，我首先要感谢的人就是我的母亲。

143　此时　cǐshí　*n.*　this moment, right now

　　我此时没有心情听你说话。
　　大家正在认真地考试，就在此时，老师的手机响了。

144　聪明　cōng·míng　*adj.*　clever, smart

　　这是一个十分聪明的决定。
　　弟弟很聪明，学习成绩很好。

145　从而　cóng'ér　*conj.*　thus, thereby

　　他改变了学习方法，从而提高了学习成绩。
　　这个城市修建了很多地铁，从而解决了交通问题。

146　从中　cóngzhōng　*adv.*　out of, therefrom

　　他喜欢读书，因为从中可以获得各种知识。
　　虽然这个项目由我负责，但我没有从中获得任何好处。

147　脆　cuì　*adj.*　fragile, brittle; crisp

　　这种纸很脆，一折就断了。
　　刚做好的饼干脆脆的，吃起来很香。

148　存款　cúnkuǎn　*n.*　deposit, bank savings

　　为了治病，他把存款都取出来了。
　　他在银行负责存款业务（yèwù, vocational work, business）。

149 寸　cùn　*m.*　*a unit of length (=1/3 decimeter)*

这条裤子再短1寸就好了。
报名时需要提供一张2寸照片。

150 达成　dáchéng　*v.*　reach (an agreement, etc.)

祝你的新年愿望都能顺利达成！
经过多次谈判，这两家公司终于达成了合作协议（xiéyì, agreement）。

151 答　dá　*v.*　answer, reply, respond

今天的问题我都答对了。
你问的问题，我答不上来。

152 答复　dá·fù

（1）*v.*　reply, answer
校长将亲自答复大家的问题。
著名作家余华老师答复了读者的提问。
（2）*n.*　reply, answer
我们对学校的答复十分满意。
你最晚什么时候能给我一个确定的答复？

153 打　dǎ　*prep.*　from; since

你打哪儿来？
打今天起，我再也不喝酒了。

154 打扮　dǎban　*v.*　dress up, deck out

她把女儿打扮得漂漂亮亮的。
奶奶喜欢把自己打扮得年轻一些。

155 打包　dǎ//bāo　pack; unpack

明天就要出国了，他正在打包行李。
麻烦您配合打包检查。

156 打击　dǎjī　*v.*　crack down, discourage

坚决打击；打击积极性
这些话太打击人了！
千万不要打击孩子的自信心（zìxìnxīn, self-confidence）。

157 打架　dǎ//jià　fight

打架不能解决问题，只会制造更大的问题。
小明和小华打了一架。

158 打扰　dǎrǎo　*v.*　disturb

爸爸正在工作，我们别打扰他。
打扰了，我能问你一个问题吗？

159 大胆　dàdǎn　*adj.*　bold, daring, audacious

他大胆地提出了一个新的计划。

大家可以大胆地按照原来的计划开展工作。

160 大都　　dàdū　　adv.　　for the most part, mostly

这些书他大都看过。
这些产品的质量大都不好。

◎ 速练　Quick practice

一、先根据词语写拼音，再将词语和正确的英文释义连起来
Write Pinyin according to the words, and then match the words with the correct English definitions.

1. 寸 _____　　A. deposit, bank savings

2. 答复 _____　　B. fragile, brittle; crisp

3. 存款 _____　　C. bold, daring, audacious

4. 聪明 _____　　D. a unit of length (=1/3 decimeter)

5. 打扰 _____　　E. pack; unpack

6. 大胆 _____　　F. reply, answer

7. 打包 _____　　G. clever, smart

8. 脆 _____　　H. disturb

二、选择合适的词语填空　Choose the right words and fill in the blanks.

（一）　　A. 此后　　B. 从中　　C. 答　　D. 打击　　E. 此刻

1. ____，让我们举起酒杯，一起迎接新年！
2. 我研究生一毕业就到了这所学校，____一直没换过工作。
3. 这对他来说是一个巨大的____。
4. 他完成了这项工作，还____学到了新技能。
5. 我又____错了，下面的问题你来回答吧。

（二）　　A. 脆　　B. 答复　　C. 打架　　D. 此时　　E. 存款

1. ____解决不了任何问题。
2. 这种苹果又甜又____，可好吃了。
3. 你的问题，我现在还____不了。
4. 妈妈给她留下了一大笔____。
5. 他____的心情十分不好，你别打扰他。

（三） A. 打　　　B. 打扰　　　C. 聪明　　　D. 寸　　　E. 打扮

1. 他看书的时候特别认真，什么也____不了他。
2. ____的人会从失败中总结经验教训。
3. 她不仅长得好看，还很会____自己。
4. ____毕业起，我们就没见过面。
5. 这条裤子比那条短了一____。

（四） A. 大胆　　　B. 从而　　　C. 达成　　　D. 打包　　　E. 大都

1. 我们一起努力，____完成了公司安排的任务。
2. 老板，这几个菜我____带走。
3. 我们班的学生____来自亚洲（Yàzhōu, Asia）。
4. ____一点儿，即使错了也没关系，我们都支持你。
5. 双方意见____了一致。

三、选择合适的词语完成句子　Choose the right words to complete the sentences.

1. 去年九月是我们第一次见面，____我们还见过两三次。
　　A. 此刻　　　B. 因此　　　C. 此后　　　D. 此时
2. 他失败了好几次，但是还没有____学到教训。
　　A. 从中　　　B. 从前　　　C. 从来　　　D. 从此
3. 学校安排了各种课外活动，____丰富了同学们的业余生活。
　　A. 因为　　　B. 从而　　　C. 所以　　　D. 但是
4. 我的作文只得了50分，这对我来说又是一次____。
　　A. 打包　　　B. 打击　　　C. 打架　　　D. 打扮
5. 这项技术已经____了世界先进水平。
　　A. 到达　　　B. 发达　　　C. 达成　　　D. 达到

第 9 单元　Unit 9

◎ 目标词语　Target words

161. 大纲	162. 大伙儿	163. 大奖赛	164. 大脑	165. 大事
166. 大厅	167. 大象	168. 大熊猫	169. 大于	170. 大致
171. 呆	172. 待	173. 代价	174. 代理	175. 带有
176. 贷款	177. 单一	178. 胆	179. 胆小	180. 蛋糕

◎ 速记　Quick memory

161　大纲　dàgāng　*n.*　outline

教学大纲；写作大纲
这是最新的考试大纲。
我在演讲之前列了一个大纲。

162　大伙儿　dàhuǒr　*pron.*　everybody (*colloquial*)

欢迎大伙儿来我家做客！
这是大伙儿一起想出来的办法。

163　大奖赛　dàjiǎngsài　*n.*　prize-giving competition/contest

本次全国篮球大奖赛将在上海举行。
他在校园歌手大奖赛上拿了第一名。

164　大脑　dànǎo　*n.*　cerebrum, brain

什么也别想了，让大脑休息一下儿。
你的压力太大了，这会给大脑造成不好的影响。

165　大事　dàshì　*n.*　great event, major event, important matter, major issue

保护环境是关系全人类的大事。
你出差的这段时间，家里发生了一件大事。

166　大厅　dàtīng　*n.*　hall, lobby

明天早上七点在大厅集合。
你可以在网上办事大厅办理这个手续。

167　大象　dàxiàng　*n.*　elephant

爸爸明天带小明去动物园看大象。
这几头大象一路向北走，引起了各国人民的关注。

168　大熊猫　dàxióngmāo　*n.*　giant panda

你知道大熊猫最喜欢的食物是什么吗？
大熊猫是中国的国宝（guóbǎo, national treasure）。

第 9 单元

169 大于 dàyú *v.* be greater/larger than

请找出大于100的数字。
行李箱的总重量不能大于15公斤。

170 大致 dàzhì

（1）*adj.* approximate, general
大致的想法；大致的经过
这件事的大致情况我已经了解了。
我对这件事的严重程度有了大致的概念。
（2）*adv.* roughly, approximately
大致了解
我们的情况大致相同。
你的作文我大致看了一下儿，写得不错。

171 呆 dāi *adj.* blank, wooden

孩子刚睡醒，看起来有点儿呆。
他呆呆地站在那儿，一句话也不说。

172 待 dāi *v.* stay

他们这次要在北京待一个月。
妈妈让我待在这儿等她，哪儿都不要去。

173 代价 dàijià *n.* price, cost

我们要用最小的代价办成这件事。
发展经济不能以破坏环境为代价。

174 代理 dàilǐ *v.* act on behalf of someone in a responsible position

你的工作我可代理不了。
张校长住院期间，由王副（fù, vice-, deputy）校长代理他的工作。

175 带有 dàiyǒu bear, be equipped with, (carry) with

这款新车带有五个乘客座位。
这种塑料袋带有环保标识，不会污染（wūrǎn, pollute）环境。

176 贷款 dàikuǎn

（1）*v.* borrow/grant a loan
我们在贷款时签了一份合同。
这家银行愿意给小型企业贷款。
（2）*n.* loan
一笔贷款；住房贷款
这家银行的贷款利息比较低。
我正在向学校申请助学贷款。
10年了，我终于还清了贷款。

177 单一 dānyī *adj.* single, unitary

标准单一；方式单一
这幅画儿的色彩比较单一。

这里菜的种类比较单一，都是辣的。

178 **胆** dǎn *n.* gallbladder; courage, bravery

我不小心把鱼胆弄破了。
他从小胆就大，什么也不怕。

179 **胆小** dǎnxiǎo *adj.* timid, cowardly

没想到你这么胆小！
妹妹非常胆小，去哪儿都要妈妈陪着。

180 **蛋糕** dàngāo *n.* cake

水果蛋糕；一块蛋糕
谁来切蛋糕？
小明自己做了一个生日蛋糕送给妈妈。

◎ 速练 Quick practice

一、先根据词语写拼音，再将词语和正确的英文释义连起来
Write Pinyin according to the words, and then match the words with the correct English definitions.

1. 大纲 _____   A. borrow/grant a loan; loan
2. 大奖赛 _____ B. cake
3. 待 _____   C. timid, cowardly
4. 贷款 _____   D. great event, major event, important matter, major issue
5. 大脑 _____   E. prize-giving competition/contest
6. 蛋糕 _____   F. stay
7. 大事 _____   G. outline
8. 胆小 _____   H. cerebrum, brain

二、选择合适的词语填空 Choose the right words and fill in the blanks.

（一） A. 大纲 B. 大厅 C. 呆 D. 大伙儿 E. 贷款

1. ____都下车了，我们也下去吧。
2. 听到这个消息，他____住了。
3. 写论文之前要先列出写作____。
4. 这里是公司的接待____。
5. 银行不肯____给我们。

(二)　　A.大象　　B.待　　C.单一　　D.大奖赛　　E.大熊猫

1. 李娜多次获得国际网球____的冠军。

2. 我们在动物园里看到了可爱的____。

3. ____是最大的陆地动物。

4. 下课以后,他一个人____在教室里看书。

5. 目前的评价标准太____了。

(三)　　A.代价　　B.胆　　C.大事　　D.大于　　E.代理

1. 你家的面积肯定____200 m^2。

2. 爷爷非常关心国家____。

3. 我可没____把这样的成绩告诉爸爸。

4. 老板不在,他的工作暂时由王主任____。

5. 在这场战争中,这个国家付出了巨大的____。

(四)　　A.胆小　　B.大脑　　C.大致　　D.带有　　E.蛋糕

1. 这种病毒会伤害人的____。

2. 这只是我____的想法,具体怎么完成需要大家一起讨论。

3. 他是一个____怕事的人。

4. 我喜欢吃水果____。

5. 这种新产品____六种游戏功能。

三、选择合适的词语完成句子　Choose the right words to complete the sentences.

1. 这段表演给观众们____下了深刻的印象。

　　A.呆　　　　B.住　　　　C.待　　　　D.留

2. 楼下超市的商品种类太____了。

　　A.单独　　　B.单一　　　C.单调　　　D.单纯

3. 不管____有多大,我们都要完成这个任务。

　　A.高价　　　B.特价　　　C.代价　　　D.评价

4. 公司获得的利益____付出的成本。

　　A.等于　　　B.位于　　　C.在于　　　D.大于

5. 我们公司制定了新的员工____办法。

　　A.管理　　　B.代表　　　C.代替　　　D.代理

第10单元　Unit 10

◎ 目标词语　Target words

181. 当场	182. 当代	183. 当年	184. 当前	185. 当选
186. 挡	187. 到来	188. 倒是	189. 道德	190. 得了
191. 得以	192. 等候	193. 等级	194. 低于	195. 地带
196. 地形	197. 地震	198. 递	199. 递给	200. 典礼

◎ 速记　Quick memory

181　**当场**　dāngchǎng　*adv.*　on the spot, then and there

他当场收到了录取通知。
明天参加面试的同学当场就可以知道结果。

182　**当代**　dāngdài　*n.*　the present age, the contemporary era

当代社会；当代历史
我喜欢看当代文学作品。
他是中国当代最著名的画家之一。

183　**当年**　dāngnián　*n.*　those years, those days

当年我离开家时，才16岁。
你现在觉得生活不容易，那你当年有没有努力学习？

184　**当前**　dāngqián

（1）*n.*　present, current
当前的任务
当前我最重要的事就是学好中文。
从当前的形势来看，公司的主要任务还是创新。
（2）*v.*　be in front of, be facing
大敌当前，我们必须团结起来。
大难（nàn，disaster）当前，你快想想办法啊。

185　**当选**　dāngxuǎn　*v.*　be elected

祝贺你当选中级班班长！
张教授当选为新一任校长。

186　**挡**　dǎng　*v.*　keep off, ward off, block

一块大石头挡住了前面的路。
前面有个高个子挡住了我，我看不到黑板上的字。

187　**到来**　dàolái　*v.*　arrive, come

又一个充满希望的新年到来了。

春天到来了，到处都是美丽的鲜花。

188 **倒是** dàoshì *adv.* used to press or question sb.; used to indicate what is contrary to fact

你倒是说话啊，到底发生了什么事？
你想得倒是美，世界上哪有免费的午餐！

189 **道德** dàodé *n.* morals, morality, ethics

道德观念；传统道德
哥哥是一个很讲职业道德的医生。
每个人都应该遵守（zūnshǒu, observe）公共道德。

190 **得了** déle *v.* used to indicate prohibition/dismissal or agreement

得了，别再说了。
得了，就按你说的办。

191 **得以** déyǐ *v.* be able to, can, may

在朋友的帮助下，我才得以开了这间小店。
在他的支持下，我们的计划得以顺利实施。

192 **等候** děnghòu *v.* wait for

等候命令
新进员工还在等候公司的安排。
主人站在门口，等候着客人的到来。

193 **等级** děngjí *n.* grade, rank, level

HSK考试一共有九个等级。
我们一定要提高产品的安全等级。

194 **低于** dīyú below, under, inferior to

价格低于3000块的电脑还是别买了。
这家航空公司的票价远远低于其他航空公司。

195 **地带** dìdài *n.* area, region, zone

草原地带；安全地带
我们已经离开了危险地带。
生活在寒冷地带的人需要穿这种衣服。

196 **地形** dìxíng *n.* landform, terrain

这儿的地形很有意思。
他对当地的地形很熟悉。

197 **地震** dìzhèn

（1）*n.* earthquake
强烈地震；地震区
这个地区经常发生地震。
（2）*v.* (of the earth) quake
外面有人大喊："地震了！"

这个国家近十年来频繁（pínfán, frequently）地震，仅这个月就发生了两次。

| 198 | 递 | dì | v. | hand (in), pass, give |

麻烦你帮我递一下儿。
一看到老师，我就递上了作业。

| 199 | 递给 | dì gěi | | pass (sth. to sb.), hand (sb. sth.) |

请把那本书递给我。
他递给我一张名片。

| 200 | 典礼 | diǎnlǐ | n. | ceremony |

开学典礼；结业典礼
全家人都要来参加我的毕业典礼。
他们将于下个月十号举行结婚典礼。

◎ 速练　Quick practice

一、先根据词语写拼音，再将词语和正确的英文释义连起来
Write Pinyin according to the words, and then match the words with the correct English definitions.

1. 地震 ＿＿＿＿＿＿　　　A. landform, terrain

2. 地形 ＿＿＿＿＿＿　　　B. area, region, zone

3. 道德 ＿＿＿＿＿＿　　　C. be elected

4. 地带 ＿＿＿＿＿＿　　　D. earthquake; (of the earth) quake

5. 等候 ＿＿＿＿＿＿　　　E. ceremony

6. 当选 ＿＿＿＿＿＿　　　F. wait for

7. 挡 ＿＿＿＿＿＿　　　　G. morals, morality, ethics

8. 典礼 ＿＿＿＿＿＿　　　H. keep off, ward off, block

二、选择合适的词语填空　Choose the right words and fill in the blanks.

（一）　　A. 当场　　　B. 倒是　　　C. 地带　　　D. 当代　　　E. 道德

1. 诚信是每个人都应该遵守的＿＿＿观念。

2. 警察＿＿＿抓住一个小偷儿（xiǎotōur, thief）。

3. ＿＿＿社会是一个信息社会。

4. 这个省的北部和南部都是多山的森林＿＿＿。

5. 你说得＿＿＿轻松，你来试试看。

（二）　　A. 地形　　B. 递　　C. 得了　　D. 地震　　E. 当前

1. 在那次____中，很多人失去了生命。

2. ____，你别解释了。

3. 修建（xiūjiàn，build）铁路时一定要充分考虑当地的____特点。

4. ____世界正处于一个不断发展变化的时期（shíqī，period）。

5. 我已经把申请书____上去了。

（三）　　A. 得以　　B. 当年　　C. 当选　　D. 等候　　E. 递给

1. 我校的张华同学____为"全国学生代表"。

2. 妈妈____奶奶一杯茶。

3. 你____说的话我都记得。

4. 通过医生的治疗，小明____重新站了起来。

5. 我在山脚下____着他们。

（四）　　A. 挡　　B. 等级　　C. 典礼　　D. 到来　　E. 低于

1. 这个花园很适合举行结婚____。

2. 实习期间的工资不会____最低工资标准。

3. 一个历史性的时刻即将____。

4. 戴帽子可以____住一些阳光。

5. 果农把这些苹果分成了不同____。

三、选择合适的词语完成句子　Choose the right words to complete the sentences.

1. 昨天会上提出的问题已经____解决了。

　　A. 当场　　　　B. 当前　　　　C. 当时　　　　D. 当初

2. 一见到张经理，他就主动____上了名片。

　　A. 交给　　　　B. 传递　　　　C. 递给　　　　D. 递

3. 这位作家在20世纪30____曾经有过很大的影响。

　　A. 时代　　　　B. 现代　　　　C. 年代　　　　D. 当代

4. 我们银行的信用卡分为三个____：金卡、银卡和普通卡。

　　A. 初级　　　　B. 高级　　　　C. 超级　　　　D. 等级

5. 她对我的____没什么反应。

　　A. 提到　　　　B. 到来　　　　C. 到达　　　　D. 带来

第 11 单元　Unit 11

◎ 目标词语　Target words

201. 点燃	202. 电池	203. 电饭锅	204. 电子版	205. 调动
206. 丢	207. 动机	208. 动手	209. 动态	210. 动员
211. 冻	212. 洞	213. 豆制品	214. 毒	215. 堆
216. 对立	217. 对应	218. 吨	219. 朵	220. 躲

◎ 速记　Quick memory

201　**点燃**　diǎnrán　*v.*　light, ignite

一个烟头点燃了森林。
她心中的梦想被重新点燃了。

202　**电池**　diànchí　*n.*　battery

一节电池；旧电池
表停了，该换电池了。
不能乱扔电池，否则会污染环境。

203　**电饭锅**　diànfànguō　*n.*　electric cooker

我又买了一个小电饭锅。
奶奶不喜欢用电饭锅做米饭。

204　**电子版**　diànzǐbǎn　*n.*　electronic edition

你有没有这本书的电子版？
老师让我们把论文的电子版发给她。

205　**调动**　diàodòng　*v.*　bring into play, transfer, motivate

调动积极性；充分调动
他请老板帮他调动工作。
老师要想办法调动学生的学习兴趣。

206　**丢**　diū　*v.*　lose, mislay; throw

新买的手机又丢了。
请把这些东西丢到垃圾箱里。

207　**动机**　dòngjī　*n.*　motivation, intention

学习动机影响着学习效果。
你这么做的动机到底是什么？

208　**动手**　dòng//shǒu　　start work, get to work; raise a hand to strike

我们必须赶快动手，晚了就来不及了。

你怎么能动手打人?

209 动态 dòngtài　*n.*　trend, development

了解市场动态;科技动态
张教授十分关注最新的研究动态。
很多明星喜欢在网上公布自己的最新动态。

210 动员 dòngyuán　*v.*　mobilize, call up

班长动员大家参加口语比赛。
他动员了好几个朋友参加这次活动。

211 冻 dòng　*v.*　freeze; feel very cold

河里的水已经冻住了。
昨天晚上我睡觉没盖被子,冻感冒了。

212 洞 dòng　*n.*　hole, cavity

山洞;打洞
爸爸的袜子破了一个洞。
传说那个山洞里藏(cáng, store, hide)着许多宝贝。

213 豆制品 dòuzhìpǐn　*n.*　bean products

中国人很喜欢吃豆制品。
吃火锅(huǒguō, hot pot)时可以放一些豆制品。

214 毒 dú

(1) *n.*　poison; computer virus; drug
这种药可以解(jiě, relieve, remove)毒。
我的电脑中毒了。
他否认自己吸过毒。
(2) *v.*　kill with poison
这只狗被毒死了。
什么药可以毒老鼠?
(3) *adj.*　fierce, cruel
他被毒打了一顿。
他的心可真毒啊!

215 堆 duī

(1) *v.*　pile up, heap up
她的床上堆满了衣服。
张老师把书都堆在桌子上。
(2) *n.*　heap, pile
前面有一个土堆。
爷爷让我看着火堆。
(3) *m.*　a measure word for piles
外面站着一堆人。
厨房里有一堆白菜。

216 对立   duìlì   v.   oppose, be antagonistic to, set sth. against

不要把工作和生活对立起来。
我希望你不要站在我的对立面。

217 对应   duìyìng   v.   correspond (to)

这里的每个数字都对应了一个问题。
你知道在中国文化中，龙对应什么人吗？

218 吨   dūn   m.   ton, tonne

这头大象的重量是一吨半。
今年我们一共卖了三吨大米。

219 朵   duǒ   m.   a measure word for flowers or clouds

瓶子里插着一朵花。
天上飘［piāo，float (in the air)］着几朵白云。

220 躲   duǒ   v.   hide; avoid, dodge

孩子躲在床底下。
下雨了，没带伞，咱们在这儿躲一会儿雨吧。

◎ 速练　Quick practice

一、先根据词语写拼音，再将词语和正确的英文释义连起来
Write Pinyin according to the words, and then match the words with the correct English definitions.

1. 动机 _____　　A. battery

2. 丢 _____　　B. hole, cavity

3. 动手 _____　　C. light, ignite

4. 电饭锅 _____　　D. lose, mislay; throw

5. 洞 _____　　E. hide; avoid, dodge

6. 电池 _____　　F. motivation, intention

7. 点燃 _____　　G. start work, get to work; raise a hand to strike

8. 躲 _____　　H. electric cooker

二、选择合适的词语填空　Choose the right words and fill in the blanks.

（一）　　A. 点燃　　B. 丢　　C. 冻　　D. 对立　　E. 电池

1. 外面太冷了，他们的脸都____红了。

2. 这种手机的____拿不出来。

44

3. 听了他的话，我又____了对生活的希望。

4. 我的护照____了，上不了飞机了。

5. 他们俩的观点是____的。

（二）　　A. 动机　　B. 洞　　C. 对应　　D. 电饭锅　　E. 动手

1. 大家准备好了就____做吧。

2. 这是一款多功能（duōgōngnéng, multifunctional）____。

3. 这两句话的意思互相____。

4. 他介绍了这本书的写作____。

5. 他抽烟时，把衣服烧了一个____。

（三）　　A. 豆制品　　B. 吨　　C. 电子版　　D. 动态　　E. 毒

1. 这些粮食一共有多少____？

2. 这种花有____，不能摸！

3. 爸爸对目前的科技发展____很感兴趣。

4. 这次申请需要提供所有材料的____。

5. ____又好吃又有营养。

（四）　　A. 朵　　B. 调动　　C. 动员　　D. 堆　　E. 躲

1. 哥哥把肉往自己的盘子里____。

2. 小猫听到有人来，____起来了。

3. 经理将他____到了公司的另外一个部门。

4. 太阳躲在了一____云的后面。

5. 我已经____过了，可是还是没有人愿意出差。

三、选择合适的词语完成句子　　Choose the right words to complete the sentences.

1. 企业和客户的关系不是____的，而是相互成就的。

　　A. 独立　　　　B. 建立　　　　C. 设立　　　　D. 对立

2. 为了____敌人，他们准备了很多武器。

　　A. 对待　　　　B. 对应　　　　C. 对付　　　　D. 面对

3. 老师一再____，他才为大家唱了一首歌。

　　A. 动手　　　　B. 动员　　　　C. 动摇　　　　D. 带动

4. 他做这件事的____是好的，可是方法不对。

    A. 动机   B. 动态   C. 动力   D. 调动

5. 她被医生问了一____问题。

    A. 朵   B. 堆   C. 吨   D. 伙

第12单元　Unit 12

◎ **目标词语　Target words**

221. 儿女	222. 耳朵	223. 二维码	224. 发布	225. 发觉
226. 发射	227. 发行	228. 罚	229. 罚款	230. 法规
231. 法制	232. 繁荣	233. 返回	234. 防治	235. 放大
236. 放弃	237. 分成	238. 分解	239. 分类	240. 分离

◎ **速记　Quick memory**

221　儿女　érnǚ　*n.*　children, sons and daughters

儿女们都长大了，我也老了。
她一直在谈论（tánlùn, discuss）自己的儿女。

222　耳朵　ěrduo　*n.*　ear

你的耳朵怎么红了？
我游泳的时候，耳朵进水了。

223　二维码　èrwéimǎ　*n.*　QR code

扫二维码
请扫一下儿我们店的微信二维码。
每个企业都可以制作自己的二维码。

224　发布　fābù　*v.*　issue, announce, release

发布新闻
学校发布了新的通知。
今天的新闻发布会将于9:00开始。

225　发觉　fājué　*v.*　find, realize, come to know

她发觉身后有人跟着她。
他发觉自己被骗了，非常生气。

226　发射　fāshè　*v.*　launch, fire

我国成功发射了一颗通信卫星（wèixīng, satellite）。
这里是一个卫星发射基地（jīdì, base）。

227　发行　fāxíng　*v.*　issue, publish, release

发行邮票；发行杂志；发行信用卡
邮局每年都会发行纪念邮票。
这本杂志将在全国公开发行。

228　罚　fá　*v.*　punish, penalize

因为闯红灯，他被警察罚了。

由于他上班经常迟到,公司罚了他一个月的奖金。

229 **罚款** fákuǎn n. fine, forfeit, penalty

这笔罚款不太合理。
我明天去交警队交罚款。

230 **法规** fǎguī n. laws and regulations

制定法规;遵守法规
这些法规是去年公布的。
请大家自觉遵守交通法规。

231 **法制** fǎzhì n. legal system (of a country)

一定要加强法制体系(tǐxì,system)建设。
规范化、法制化的市场经营环境是经济高质量发展的重要条件。

232 **繁荣** fánróng

(1) adj. prosperous
这里的经济越来越繁荣。
每个人都希望自己的国家繁荣富强(fùqiáng,prosperous and strong)。
(2) v. promote, make... prosper
政府大力繁荣文化艺术事业。
年轻人应该承担起建设家乡、繁荣家乡的责任。

233 **返回** fǎnhuí v. return, go/come back

你打算什么时候返回学校?
前面的路被大石头挡住了,我们还是原路返回吧。

234 **防治** fángzhì v. prevent and cure

这种药可以有效防治胃病。
政府决定通过制定法规防治空气污染。

235 **放大** fàngdà v. magnify, enlarge

不要放大别人的缺点。
我把这几张照片都放大了。

236 **放弃** fàngqì v. give up, abandon

你一定不能放弃这个机会。
他想放弃考试,但是老师和父母都不同意。

237 **分成** fēnchéng divide into

这篇文章被分成了三个部分。
妈妈把这些饺子分成了五份,我们一人一份。

238 **分解** fēnjiě v. resolve, decompose

你要学会分解压力。
妈妈教我把大的目标分解成一个个小目标。

239 **分类** fēn//lèi classify

中国古人对汉字进行了分类。
请大家严格按照规定进行垃圾分类。

240 **分离** fēnlí *v.* separate; part (for a long period)

分离空气；亲人分离；夫妻分离
心理学是从哲学（zhéxué，philosophy）中分离出来的。
我和家人已经分离了很多年了。

◎ 速练　Quick practice

一、先根据词语写拼音，再将词语和正确的英文释义连起来
　　Write Pinyin according to the words, and then match the words with the correct English definitions.

1. 法制 _____　　　A. return, go/come back

2. 繁荣 _____　　　B. separate; part (for a long period)

3. 二维码 _____　　C. laws and regulations

4. 耳朵 _____　　　D. ear

5. 返回 _____　　　E. legal system (of a country)

6. 罚款 _____　　　F. QR code

7. 分离 _____　　　G. prosperous; promote, make... prosper

8. 法规 _____　　　H. fine, forfeit, penalty

二、选择合适的词语填空　Choose the right words and fill in the blanks.

（一）　A. 儿女　　B. 发射　　C. 法制　　D. 放弃　　E. 耳朵

1. 我的____有点儿疼，下午去医院看看。

2. 在任何情况下，都不能____希望。

3. 有的老人希望和____们在一起生活。

4. 电视里正在直播卫星____的过程。

5. 我国不断完善____建设。

（二）　A. 发行　　B. 繁荣　　C. 分成　　D. 二维码　　E. 罚

1. 你想把蛋糕____几份？

2. 越来越多的人通过扫描（sǎomiáo，scan）____付钱。

3. 妈妈____我把家里打扫一遍。

4. 这份报纸已经____了十几年，很受读者欢迎。

5. 新的措施使电影市场更加____。

（三）　　A. 返回　　　B. 分解　　　C. 发布　　　D. 罚款　　　E. 防治

1. 新的交通法规已经____了。

2. 因为弄丢了图书馆的书，我不得不交____。

3. 飞船（fēichuán, spacecraft）将于下个月____地球。

4. 这一措施有效地____了工业污染。

5. 我们要合理____任务。

（四）　　A. 分类　　　B. 发觉　　　C. 法规　　　D. 放大　　　E. 分离

1. 今年政府又公布了三个新的____。

2. 电脑上的字太小了，你能____一点儿吗？

3. 权利和义务是不可____的两方面。

4. 请把这些衣服按照颜色____放好。

5. 我出门以后才____今天比昨天冷多了。

三、选择合适的词语完成句子　Choose the right words to complete the sentences.

1. 她负责用英文____公司的最新消息。

　　A. 发布　　　　B. 发达　　　　C. 发射　　　　D. 发挥

2. 到了外面，他才____衣服穿少了。

　　A. 发行　　　　B. 发觉　　　　C. 发动　　　　D. 发展

3. 经过住院____，奶奶的病已经好多了。

　　A. 防治　　　　B. 防止　　　　C. 预防　　　　D. 治疗

4. 张经理把任务____到了各个分公司。

　　A. 分布　　　　B. 分解　　　　C. 分类　　　　D. 分成

5. 请把这张照片按比例____。

　　A. 放下　　　　B. 放到　　　　C. 放大　　　　D. 扩大

第13单元　Unit 13

◎ **目标词语　Target words**

241. 分析	242. 分享	243. 丰收	244. 风度	245. 风光
246. 封	247. 疯	248. 疯狂	249. 扶	250. 服从
251. 幅	252. 幅度	253. 福利	254. 辅助	255. 负责人
256. 附件	257. 改革	258. 干脆	259. 干扰	260. 干预

◎ **速记　Quick memory**

241 **分析**　fēnxī　*v.*　analyze

他把这些问题<u>分析</u>得很清楚。
对于比赛失败的原因，大家<u>分析</u>得很全面。

242 **分享**　fēnxiǎng　*v.*　share (joy, rights, etc.)

同学们在一起<u>分享</u>快乐。
感谢你跟大家<u>分享</u>这些信息！

243 **丰收**　fēngshōu　*v.*　reap a bumper harvest

粮食<u>丰收</u>
秋天是<u>丰收</u>的季节。
2022年，中国的农业生产获得全面<u>丰收</u>。

244 **风度**　fēngdù　*n.*　demeanor, bearing

讲究<u>风度</u>
他是一位很有<u>风度</u>的画家。
即使输了，他也始终保持<u>风度</u>。

245 **风光**　fēngguāng　*n.*　scene, view, sight

这里有优美的自然<u>风光</u>。
妈妈很喜欢这里的田园<u>风光</u>。

246 **封**　fēng　*v.*　seal, close

山上的落石把路<u>封</u>住了。
放假的时候，学校的大门都被<u>封</u>了起来。

247 **疯**　fēng　*adj.*　frivolous, wild; (of words) illogical

那个小姑娘可<u>疯</u>了。
你在这儿说什么<u>疯</u>话？快回家！

248 **疯狂**　fēngkuáng　*adj.*　crazy, wild, unbridled

游戏让他<u>疯狂</u>。

他喝醉了，在路上疯狂地跑着。

249 扶 fú v. support with the hand

爷爷扶着椅子慢慢地站了起来。
过马路的时候，我一直扶着奶奶。

250 服从 fúcóng v. obey, submit to, comply with

服从安排；服从纪律
他们都是服从纪律的好士兵。
跟团旅行时一定要服从导游的安排。

251 幅 fú m. a measure word for cloth, pictures, scrolls, etc.

教室的墙上挂着一幅画儿。
他在中国美术馆展出了88幅书法作品。

252 幅度 fúdù n. range, scope, extent

中国的粮食生产量大幅度增长。
在做放松活动时，动作的幅度不要太大了。

253 福利 fúlì n. material benefits, well-being, welfare

高福利；社会福利
工厂会想办法提高工人的福利。
公司的福利很好，所以大家都不想辞职。

254 辅助 fǔzhù v. assist, aid

辅助工作；得到辅助
手机和电脑都可以用来辅助教学。
在同事的辅助下，他完成了今天的任务。

255 负责人 fùzérén n. person in charge

谁是这里的负责人？
这家商店的负责人说绝对不卖假货。

256 附件 fùjiàn n. accessory, attachment

这家工厂主要生产汽车附件。
你可以把图片放在附件里发给我。

257 改革 gǎigé

（1）v. reform
公司要想发展必须改革现在的管理制度。
学校决定从这个学期开始对考试进行改革。
（2）n. reform
政府已经实施了经济改革方案。
这场教育改革关系到每个孩子的未来。

258 干脆 gāncuì

（1）adj. frank and straightforward
他回答得十分干脆。

他是一个做事很干脆的人。
（2）adv.　　simply, just
你要是再迟到，就干脆别来了。
既然来了，干脆留下来吃晚饭吧。

259 **干扰**　　gānrǎo　　v.　　disturb, interfere

干扰比赛；造成干扰
在图书馆打电话会干扰到别人。
飞机在飞行的过程中受到了信号干扰。

260 **干预**　　gānyù　　v.　　intervene, interpose, meddle

直接干预
请不要干预我们的计划。
我不喜欢别人干预我的生活。

◎ 速练　Quick practice

一、先根据词语写拼音，再将词语和正确的英文释义连起来
Write Pinyin according to the words, and then match the words with the correct English definitions.

1. 分享 _____　　A. crazy, wild, unbridled

2. 附件 _____　　B. material benefits, well-being, welfare

3. 幅度 _____　　C. person in charge

4. 疯狂 _____　　D. share (joy, rights, etc.)

5. 扶 _____　　E. accessory, attachment

6. 福利 _____　　F. scene, view, sight

7. 负责人 _____　　G. range, scope, extent

8. 风光 _____　　H. support with the hand

二、选择合适的词语填空　Choose the right words and fill in the blanks.

（一）　A. 分析　　B. 封　　C. 幅　　D. 附件　　E. 分享

1. 她正在欣赏一____书法作品。

2. 爱华常常和我们____美食。

3. 老师教我们怎么____文章的意思。

4. 别想用钱____住我的嘴。

5. 这种病毒主要通过电子邮件____进行传播。

（二）　　A. 疯　　B. 幅度　　C. 改革　　D. 丰收　　E. 辅助

1. 今年的粮食又大____了！

2. 工厂正在进行技术____。

3. 他生病以后，有的时候头脑不太清醒，会说一些____话。

4. 张教授说由他来____你进行研究。

5. 风越来越大，树叶摆动的____也越来越大。

（三）　　A. 福利　　B. 干脆　　C. 风度　　D. 扶　　E. 疯狂

1. 他为足球____。

2. 面对记者的提问，这位总统表现出了应有的____。

3. 奶奶，让我____着您走吧。

4. 他有什么说什么，是个很____的人。

5. 这些都是公司给大家发的____。

（四）　　A. 干扰　　B. 风光　　C. 负责人　　D. 服从　　E. 干预

1. 坐火车可以一路欣赏窗外的____。

2. 军人（jūnrén，soldier）必须____指挥。

3. 他们俩的事让他们自己解决，你别____。

4. 外面装修的声音____大家上课。

5. 王明成了这个项目的____。

三、选择合适的词语完成句子　Choose the right words to complete the sentences.

1. 旅行给了大家一个交流和____快乐的机会。
   A. 分散　　　　B. 分享　　　　C. 分离　　　　D. 分析

2. 你想和谁在一起都可以，爸爸妈妈不会____你的生活。
   A. 干扰　　　　B. 打扰　　　　C. 干预　　　　D. 打听

3. 妈妈的话给了我____困难的勇气。
   A. 自从　　　　B. 服务　　　　C. 服从　　　　D. 克服

4. 他的____把我们迷住了。
   A. 风度　　　　B. 程度　　　　C. 难度　　　　D. 幅度

5. 我们村的农业生产今年实现了大____。
   A. 收益　　　　B. 收获　　　　C. 丰收　　　　D. 收入

第 14 单元　Unit 14

◎ **目标词语　Target words**

261. 感想	262. 钢笔	263. 钢琴	264. 高大	265. 高度
266. 高跟鞋	267. 高温	268. 高于	269. 高原	270. 搞
271. 搞好	272. 歌曲	273. 隔壁	274. 个儿	275. 跟前
276. 跟随	277. 更换	278. 更新	279. 工艺	280. 工作日

◎ **速记　Quick memory**

261　**感想**　gǎnxiǎng　*n.*　impressions, thoughts, reflections

　　产生感想；谈感想
　　读了这篇文章，我有很多感想。
　　看完电影以后，大家一起交流感想。

262　**钢笔**　gāngbǐ　*n.*　pen, fountain pen

　　一支钢笔
　　这是一支有故事的钢笔。
　　我的钢笔没水了，你借我一支笔吧。

263　**钢琴**　gāngqín　*n.*　piano

　　一架钢琴；钢琴家
　　他从五岁起就开始学钢琴了。
　　她每天晚上都要弹一个小时钢琴。

264　**高大**　gāodà　*adj.*　tall and big; lofty, noble

　　她的丈夫是个身材高大的男人。
　　在孩子心中，父亲的形象非常高大。

265　**高度**　gāodù

　　（1）*n.*　altitude, height
　　你知道这座山的高度吗？
　　机长降低了飞机的飞行高度。
　　（2）*adj.*　to a high degree, high
　　大家高度赞赏了他的救人行为。
　　中国人对奥运会表现出了高度的热情。

266　**高跟鞋**　gāogēnxié　*n.*　high-heeled shoes

　　我还不习惯穿高跟鞋。
　　这双高跟鞋是为婚礼准备的。

267　**高温**　gāowēn　*n.*　high temperature

　　最近几天都是高温天气。

装修工人不得不在高温下工作。

268 高于　gāoyú　v.　exceed, be higher than

租金高于1500元的房子我是不会考虑的。
专业运动员的运动水平远远（yuǎnyuǎn，greatly）高于普通人。

269 高原　gāoyuán　n.　plateau, highland

这是我第二次去高原旅行。
这里的高原风光真是太美了！

270 搞　gǎo　v.　(followed by a complement) make, produce a certain effect, cause to become

孩子把家里搞得很乱。
你要想办法把学习成绩搞上去。

271 搞好　gǎohǎo　do well, make/do a good job of

你一定要和客户搞好关系。
妈妈让我一定要把学习搞好。

272 歌曲　gēqǔ　n.　song

演唱歌曲；创作歌曲
这是一首流行歌曲。
今年的金牌歌曲奖还没有公布结果。

273 隔壁　gébì　n.　next door

书房在卧室的隔壁。
我家隔壁住着一位医生。

274 个儿　gèr　n.　size; height

这种苹果个儿真大。
孩子正是长个儿的时候，要多吃多睡。

275 跟前　gēnqián　n.　in front of

请你到我跟前来。
窗户跟前有一把椅子。

276 跟随　gēnsuí　v.　follow, go after

李友走到哪儿，那只小猫就跟随到哪儿。
让我们跟随镜头，一起走进春天里的中国。

277 更换　gēnghuàn　v.　change, replace

这家公司已经更换了三次老板。
要根据天气的变化及时给孩子更换衣服。

278 更新　gēngxīn　v.　renew, update

我们需要及时更新知识和观念。
电子产品的更新速度越来越快。

279 工艺　　gōngyì　　n.　　craft, workmanship, technology

传统工艺；工艺品
这是用最新工艺制作的花瓶。
工人们改进了生产工艺，提高了产品质量。

280 工作日　　gōngzuòrì　　n.　　workday

周一到周五都是工作日。
我们将在10个工作日内答复您。

◎ 速练　Quick practice

一、先根据词语写拼音，再将词语和正确的英文释义连起来
Write Pinyin according to the words, and then match the words with the correct English definitions.

1. 高温 ＿＿＿＿＿＿　　　　A. piano

2. 高度 ＿＿＿＿＿＿　　　　B. craft, workmanship, technology

3. 歌曲 ＿＿＿＿＿＿　　　　C. tall and big; lofty, noble

4. 钢琴 ＿＿＿＿＿＿　　　　D. next door

5. 高大 ＿＿＿＿＿＿　　　　E. workday

6. 工艺 ＿＿＿＿＿＿　　　　F. song

7. 隔壁 ＿＿＿＿＿＿　　　　G. high temperature

8. 工作日 ＿＿＿＿＿＿　　　H. altitude, height; to a high degree, high

二、选择合适的词语填空　Choose the right words and fill in the blanks.

（一）　A. 感想　　B. 高跟鞋　　C. 搞好　　D. 跟随　　E. 钢笔

1. 她＿＿＿名师练习书法，现在已经写得很好了。

2. 请你谈谈对这件事的＿＿＿。

3. 这支＿＿＿是我送给哥哥的毕业礼物。

4. 我们一定要＿＿＿这次新年晚会。

5. 她喜欢收集（shōují, collect）各种各样的＿＿＿。

（二）　A. 高温　　B. 歌曲　　C. 更换　　D. 钢琴　　E. 高于

1. 这家公司想＿＿＿合作对象。

2. 他的成绩远远＿＿＿这次考试的平均成绩。

3. 今年夏天的＿＿＿天气持续了近两个月。

4. 他是一位著名的____家。

5. 请大家跟着这首____跳起来吧！

（三） A.隔壁　　B.更新　　C.高大　　D.高原　　E.个儿

1. 别看他____小，但是力气很大。

2. ____地区的夏天比较凉快。

3. 企业应该不断____生产技术。

4. 我的朋友就住在____。

5. 哥哥身材____，长得很帅，有很多女孩子喜欢他。

（四） A.工艺　　B.高度　　C.搞　　D.跟前　　E.工作日

1. 今天只是一个普通的____，没什么特别的。

2. 孩子一直在妈妈____唱啊、跳啊，妈妈开心极了。

3. 这座楼的____超过了500米。

4. 这件衣服在制作过程中使用了几种不同的____，因此价格比较贵。

5. 这些家务你最好今天都____完，明天就没什么时间了。

三、选择合适的词语完成句子　Choose the right words to complete the sentences.

1. 小明喜欢读书，每读完一本书都会写一篇____。

　A.感觉　　　B.感想　　　C.感受　　　D.感情

2. 弟弟每天的运动量远远____我。

　A.处于　　　B.等于　　　C.位于　　　D.高于

3. 这本书从各个____解释了教育活动的特点。

　A.角度　　　B.难度　　　C.高度　　　D.温度

4. 随着社会的发展，我们的观念也要不断____。

　A.交换　　　B.更换　　　C.更新　　　D.重新

5. 下雪了，他的____是一片白色的世界。

　A.跟前　　　B.眼前　　　C.当前　　　D.提前

第 15 单元　Unit 15

◎ 目标词语　Target words

281. 公告	282. 公认	283. 公式	284. 公正	285. 共计
286. 共享	287. 沟	288. 沟通	289. 估计	290. 古老
291. 鼓	292. 鼓励	293. 鼓掌	294. 顾问	295. 怪
296. 关怀	297. 关键	298. 冠军	299. 光荣	300. 光线

◎ 速记　Quick memory

281　公告　gōnggào　n.　announcement, public notice

发布公告
墙上贴着一张公告。
这项公告对房屋价格产生了巨大的影响。

282　公认　gōngrèn　v.　generally accepted, universally acknowledged

李南是全校公认的好学生。
饺子被公认为最有代表性的中国美食之一。

283　公式　gōngshì　n.　formula

记公式；计算公式
做题时要充分利用各种公式。
老师让我们把这些数学公式背下来。

284　公正　gōngzhèng　adj.　fair, impartial

哥哥的理想是当一名公正的法官。
老师公正地处理了他们之间的问题。

285　共计　gòngjì　v.　total, amount to, add up to

这次比赛共计287人参加。
这个月的收入共计5320元。

286　共享　gòngxiǎng　v.　enjoy together, share

我们要共享信息和资源。
好朋友会与你共享欢乐。

287　沟　gōu　n.　ditch, trench

河沟；山沟
雨水都从沟里流走了。
我家前面有一条小水沟。

288　沟通　gōutōng　v.　communicate

父母应该经常和孩子沟通。

经过多次沟通,我们的看法终于达成了一致。

289 估计 gūjì *v.* estimate

我估计这次的考试不会太难。
这两天估计不会下雨,我们去爬山吧。

290 古老 gǔlǎo *adj.* ancient, age-old

书法是一门古老的艺术。
这些古老的故事让他十分感动。

291 鼓 gǔ

(1) *n.* drum
这是一面新鼓。
小明很喜欢打鼓。
(2) *v.* stir up, rouse; bulge
他终于鼓起了勇气,为大家唱了一首歌。
那个孩子鼓着小嘴,显得很不高兴。

292 鼓励 gǔlì

(1) *v.* encourage
老师鼓励我们努力学习。
学校鼓励学生参加各类课外活动。
(2) *n.* encouragement
我的成功离不开你的鼓励。
谢谢你,你的话对我是一种鼓励。

293 鼓掌 gǔ//zhǎng clap one's hands, applaud

观众们都在为精彩的演出鼓掌。
大家纷纷鼓起掌来。

294 顾问 gùwèn *n.* adviser, consultant

妈妈是我的生活顾问。
王律师担任了我们公司的法律顾问。

295 怪 guài *v.* blame

我不怪你,是我自己做的决定。
这件事不能怪他,是我没说明白。

296 关怀 guānhuái *v.* show loving care for, show concern for

张老师始终关怀学生的成长。
感谢父母对我的支持和关怀!

297 关键 guānjiàn *n.* hinge, key

事情的关键;关键问题
这才是问题的关键。
要想考得好,关键是认真复习。

298 **冠军** guànjūn *n.* champion

她的目标是成为奥运会冠军。
中国游泳队多次获得世界冠军。

299 **光荣** guāngróng

（1）*adj.* honorable, glorious
妈妈已经光荣退休了。
她在享受自己的光荣时刻。
（2）*n.* honor, glory
你将永远是学校的光荣。
这份光荣是属于咱们班全体同学的。

300 **光线** guāngxiàn *n.* ray of light

光线强；光线好；光线弱
这里的光线太暗了。
现在的光线很适合拍照。

◎ 速练 Quick practice

一、先根据词语写拼音，再将词语和正确的英文释义连起来
Write Pinyin according to the words, and then match the words with the correct English definitions.

1. 顾问 ＿＿＿＿＿＿＿＿ A. ray of light

2. 沟通 ＿＿＿＿＿＿＿＿ B. ancient, age-old

3. 冠军 ＿＿＿＿＿＿＿＿ C. communicate

4. 鼓掌 ＿＿＿＿＿＿＿＿ D. adviser, consultant

5. 光线 ＿＿＿＿＿＿＿＿ E. honorable, glorious; honor, glory

6. 怪 ＿＿＿＿＿＿＿＿ F. champion

7. 古老 ＿＿＿＿＿＿＿＿ G. clap one's hands, applaud

8. 光荣 ＿＿＿＿＿＿＿＿ H. blame

二、选择合适的词语填空 Choose the right words and fill in the blanks.

（一） A. 公告 B. 共享 C. 鼓 D. 关怀 E. 公认

1. 在学校的＿＿＿下，留校的学生都度过了一个美好的春节。

2. 学校发布了新的＿＿＿，快去看看吧。

3. 孔子是＿＿＿的教育家。

4. 地铁站外停着很多＿＿＿自行车。

5. 他正在学习打＿＿＿。

（二） A.沟 　　 B.鼓励 　　 C.关键 　　 D.公式 　　 E.沟通

1. 他是一个很难____的人。

2. 马上就要考试了，现在正是复习的____时刻。

3. 小心看路，前面有一条____！

4. 看到孩子的进步，父母要及时地____。

5. 只有用对了____，计算结果才不会有问题。

（三） A.鼓掌 　　 B.冠军 　　 C.公正 　　 D.估计 　　 E.顾问

1. 他们俩都有可能获得这次比赛的____。

2. 张教授退休以后，被一家教育公司请去当____了。

3. 同学们都在为他____。

4. 我们班的班长办事很____，大家都很信任他。

5. 我____他今天不会来了。

（四） A.光荣 　　 B.共计 　　 C.古老 　　 D.怪 　　 E.光线

1. 这件事你____不着任何人，都是你自己的问题。

2. 这层楼的____很好。

3. 这本书介绍了他这一生的____历史。

4. 这些大米____150公斤。

5. 这是一座____的建筑，建于1000年以前。

三、选择合适的词语完成句子　Choose the right words to complete the sentences.

1. 李南是全校____的好学生。

　　A.公开 　　 B.公认 　　 C.公布 　　 D.公告

2. 小明比以前更____父母的健康情况了。

　　A.关心 　　 B.关系 　　 C.怀念 　　 D.关怀

3. 历史会对这一事件做出____的评价。

　　A.公平 　　 B.平等 　　 C.公正 　　 D.公共

4. 这篇文章____1254个汉字。

　　A.预计 　　 B.估计 　　 C.统计 　　 D.共计

5. 这次演出是两国文化____活动的重要组成部分。

　　A.分享 　　 B.了解 　　 C.交流 　　 D.沟通

第16单元　Unit 16

◎ 目标词语　Target words

301. 广	302. 广泛	303. 规划	304. 鬼	305. 柜子
306. 滚	307. 锅	308. 国籍	309. 国民	310. 过度
311. 过敏	312. 过于	313. 害	314. 汗	315. 好运
316. 号召	317. 合并	318. 合成	319. 盒	320. 盒饭

◎ 速记　Quick memory

301　广　guǎng　*adj.*　wide, extensive

小李见多识<u>广</u>，经验丰富。
哥哥喜欢看各种书，他的阅读面很<u>广</u>。

302　广泛　guǎngfàn　*adj.*　extensive, wide-ranging

内容<u>广泛</u>；<u>广泛</u>地阅读
她的兴趣爱好很<u>广泛</u>。
这个建议得到了同学们的<u>广泛</u>支持。

303　规划　guīhuà

（1）*n.*　program, plan
制订<u>规划</u>；发展<u>规划</u>
每个人都有自己的人生<u>规划</u>。
市长给我们介绍了未来五年的城市<u>规划</u>。
（2）*v.*　draw up a plan, map out a program
全面<u>规划</u>
我们要合理地<u>规划</u>未来。
政府正在<u>规划</u>城市的地铁建设。

304　鬼　guǐ　*n.*　ghost

你相信世界上有<u>鬼</u>吗？
我从小就爱听<u>鬼</u>故事。

305　柜子　guìzi　*n.*　cupboard, cabinet

<u>柜子</u>里摆满了书。
我的房间还缺一个<u>柜子</u>。

306　滚　gǔn　*v.*　roll; get away; boil

一个足球<u>滚</u>了过来。
你给我<u>滚</u>出去！这里不欢迎你。
水<u>滚</u>了，把火关了吧。

307 锅 guō *n.* pot, pan

我能用这口锅烧水吗?
这里生产的铁锅质量很好。

308 国籍 guójí *n.* nationality

请在这里填上你的国籍。
他有美国和法国的双重（shuāngchóng, dual）国籍。

309 国民 guómín *n.* people of a nation, national

中国的国民收入不断提高。
农业在国民经济中占有重要地位。

310 过度 guòdù *adj.* excessive, over-

过度紧张
他过度兴奋，一直睡不着。
过度饮酒会影响身体健康。

311 过敏 guòmǐn

（1）*v.* be allergic
我一喝酒就过敏。
很多人对牛奶过敏，喝了就会拉肚子。
（2）*adj.* over-sensitive
她的反应显得太过敏了。
你不要太过敏了，没有人议论你。

312 过于 guòyú *adv.* too, unduly, excessively

人不能过于自信。
你过于紧张了，放松点儿。

313 害 hài

（1）*n.* harm, damage, calamity
抽烟对身体有害。
这个地区的植物受到了虫害。
（2）*v.* do harm to, impair, cause trouble to
害人的事情我是不会做的。
今年的天气把农民害苦了。

314 汗 hàn *n.* sweat, perspiration

出汗；流汗
他热得满头大汗。
打完球，他流了一身汗。

315 好运 hǎoyùn *n.* good luck

祝你今年交好运！
属于你的好运来了！

316 **号召** hàozhào
  （1）*v.* call upon, appeal to
  学校号召大家保护环境。
  老师号召我们参加学院的中文比赛。
  （2）*n.* call, appeal
  张老师又提出了一个新的号召。
  许多人响应（xiǎngyìng，respond）号召，行动了起来。

317 **合并** hébìng *v.* merge, combine
  这两家工厂已经合并了。
  这几个小公司合并成了一个大公司。

318 **合成** héchéng *v.* synthesize, compose
  这件衣服是用合成材料做的。
  他在电脑上合成了一张假照片。

319 **盒** hé
  （1）*n.* box, case
  这些都是礼物盒。
  妈妈给孩子买了一个新笔盒。
  （2）*m.* a measure word for boxes
  桌子上有一盒糖。
  家里只剩两盒饼干了。

320 **盒饭** héfàn *n.* packed or takeaway food, box lunch
  明天爬山，请大家自带盒饭。
  我在食堂买了一份盒饭，味道还不错。

◎ 速练 Quick practice

一、先根据词语写拼音，再将词语和正确的英文释义连起来
Write Pinyin according to the words, and then match the words with the correct English definitions.

1. 鬼 _____   A. cupboard, cabinet

2. 汗 _____   B. people of a nation, national

3. 国籍 _____   C. be allergic; over-sensitive

4. 锅 _____   D. sweat, perspiration

5. 国民 _____   E. ghost

6. 柜子 _____   F. nationality

7. 盒饭 _____   G. packed or takeaway food, box lunch

8. 过敏 _____   H. pot, pan

二、选择合适的词语填空　Choose the right words and fill in the blanks.

（一）　　A.锅　　　B.滚　　　C.过敏　　　D.号召　　　E.广泛

1. 一到春天，我就会鼻子____。

2. 班长____大家早起锻炼身体。

3. 二维码在我们的生活中应用十分____。

4. 她一边看手机一边下楼，结果从楼梯上____下去了。

5. 这是妈妈新买的____，原来的那个烧坏了。

（二）　　A.广　　　B.过于　　　C.合并　　　D.规划　　　E.国籍

1. 申请的条件之一是具有中国____。

2. 美术学院和设计学院____了。

3. 小明的知识面很____。

4. 你____追求完美了，这样你会很累的。

5. 这是公司接下来的发展____。

（三）　　A.害　　　B.合成　　　C.鬼　　　D.国民　　　E.汗

1. 喝了药，睡一觉、出出____，感冒就好了。

2. 朋友没来，____我白等了一个多小时。

3. 旅游业（yè, industry）在____经济发展中具有重要的地位和作用。

4. 我不相信世界上有____。

5. 这些照片都是用电脑技术____的，是假的。

（四）　　A.盒　　　B.柜子　　　C.过度　　　D.好运　　　E.盒饭

1. 祝你____，面试成功！

2. 请把这些杯子放到____里。

3. 这家餐厅的____又贵又难吃，下次不要买了。

4. 我买了两____巧克力。

5. 由于____紧张，他一句话都说不出来。

三、选择合适的词语完成句子　Choose the right words to complete the sentences.

1. 他写的童话故事受到了____儿童的喜爱。

　　A.广　　　　　B.广大　　　　　C.广泛　　　　　D.广场

2. 学校____各班开展"爱读书,读好书"活动。

　　A. 招呼　　　　B. 召开　　　　C. 促进　　　　D. 号召

3. 这种药物是人工____的。

　　A. 合并　　　　B. 合作　　　　C. 合成　　　　D. 合适

4. 这是最新的城市____图。

　　A. 规划　　　　B. 计划　　　　C. 规范　　　　D. 规模

5. 由于对旅游资源的____开发,那里的环境受到了严重破坏。

　　A. 过分　　　　B. 过度　　　　C. 过于　　　　D. 充分

第17单元　Unit 17

◎ 目标词语　Target words

321. 盒子	322. 贺卡	323. 恨	324. 猴	325. 后悔
326. 胡同儿	327. 胡子	328. 虎	329. 华语	330. 滑
331. 化石	332. 划分	333. 画面	334. 环节	335. 慌
336. 慌忙	337. 灰色	338. 恢复	339. 回报	340. 回避

◎ 速记　Quick memory

321　**盒子**　hézi　*n.*　box, case

家里的药都在电视下面的白<u>盒子</u>里。
他把饭菜装到了<u>盒子</u>里，带去了公司。

322　**贺卡**　hèkǎ　*n.*　greeting card

生日<u>贺卡</u>
这张音乐<u>贺卡</u>设计得真漂亮。
帮我挑一张新年<u>贺卡</u>吧，我想送给老师。

323　**恨**　hèn　*v.*　hate

我最<u>恨</u>别人骗我。
你为什么这么<u>恨</u>他？

324　**猴**　hóu　*n.*　monkey

这种<u>猴</u>是中国的保护动物，数量很少。
动物园里有一座<u>猴</u>山，上面住着很多小<u>猴</u>。

325　**后悔**　hòuhuǐ　*v.*　regret, feel remorse

一想到我说过的那些话，我就很<u>后悔</u>。
你现在不努力学习，以后一定会<u>后悔</u>。

326　**胡同儿**　hútòngr　*n.*　alleyway, lane

这家咖啡馆在一条小<u>胡同儿</u>里，不太好找。
这条<u>胡同儿</u>太窄（zhǎi, narrow）了，汽车开不进去。

327　**胡子**　húzi　*n.*　beard, moustache

他想把<u>胡子</u>留起来。
我的隔壁住着一位白<u>胡子</u>老爷爷。

328　**虎**　hǔ　*n.*　tiger

<u>虎</u>妈妈生下了几只<u>虎</u>宝宝。
<u>虎</u>和猫在有些方面比较类似。

68

329 **华语** Huáyǔ *n.* Chinese (language)

她获得了华语歌曲大赛的冠军。
在一些国家,华人把自己使用的语言称为"华语"。

330 **滑** huá

(1) *adj.* slippery; crafty
小心点儿!地上有很多水,很滑!
这个人滑得很,见什么人说什么话。
(2) *v.* slide, slip
小明正在滑滑梯(huátī, slide)。
冬天的时候,他喜欢去滑雪(huáxuě, ski)。

331 **化石** huàshí *n.* fossil

这是一万多年前的化石。
他对古老的化石很感兴趣。

332 **划分** huàfēn *v.* divide

划分土地;划分财产
老板给每个人划分了工作范围。
你不能把人简单地划分为好人和坏人。

333 **画面** huàmiàn *n.* picture, scene

熊猫的形象经常出现在不同的广告画面上。
草原、羊群和蓝天,构成了一幅美丽的画面。

334 **环节** huánjié *n.* link, part

中心环节;各个环节
到底是哪个环节出了问题?
预习和复习是学习的两个重要环节。

335 **慌** huāng *adj.* flurried, panicky

一看到警察,小偷儿就慌了。
面试遇到不会的问题时别慌,可以思考一会儿再回答。

336 **慌忙** huāngmáng *adj.* hurry-scurry, in a great rush

听到孩子的哭声,她慌忙跑了过去。
听到妈妈的声音,他慌忙关上了电视。

337 **灰色** huīsè

(1) *n.* gray
我新买了一把灰色的雨伞。
这件白色的衣服都被你穿成灰色的了。
(2) *adj.* pessimistic, gloomy; unauthorized
读了那部灰色小说以后,我一整天心情不好。
这些灰色产业影响着国民经济的健康发展。

338 恢复　huīfù　v.　recover

祝你早日恢复健康！
吵架以后，他们俩的关系一直没有恢复。

339 回报　huíbào　v.　repay, requite, reciprocate

我一定会回报父母对我的爱。
只要你愿意努力，就一定会有回报。

340 回避　huíbì　v.　evade, dodge

这本书里回避了一个重要的问题。
面对这个问题，我们不能采取回避的态度。

◎ 速练　Quick practice

一、先根据词语写拼音，再将词语和正确的英文释义连起来
Write Pinyin according to the words, and then match the words with the correct English definitions.

1. 虎 _____　　A. link, part

2. 环节 _____　　B. alleyway, lane

3. 华语 _____　　C. gray; pessimistic, gloomy; unauthorized

4. 灰色 _____　　D. tiger

5. 贺卡 _____　　E. picture, scene

6. 胡同儿 _____　　F. Chinese (language)

7. 化石 _____　　G. greeting card

8. 画面 _____　　H. fossil

二、选择合适的词语填空　Choose the right words and fill in the blanks.

（一）　A. 盒子　　B. 胡同儿　　C. 化石　　D. 慌忙　　E. 贺卡

1. 看到警察来了，打架的人都____跑了。

2. 他们找到了一些动物的____。

3. 这是一条有名的老____。

4. 我正在给朋友制作电子____。

5. 这个____是用来装旧书的。

（二）　A. 胡子　　B. 划分　　C. 灰色　　D. 恨　　E. 虎

1. 他画了一只____，画得很像。

2. 哥哥有很多____的衣服。

3. 爸爸的____又粗又硬。

4. 老师给每个组都____了活动范围。

5. 妈妈这样做都是为你好，你可不能____她。

(三)　　A. 画面　　B. 恢复　　C. 猴　　D. 华语　　E. 环节

1. 这位导演又拍了一部____电影。

2. 要重视工作中的每一个____。

3. 听了你的描述，我好像看到了那个____。

4. 妈妈属羊，我和爸爸都属____。

5. 拿到银行贷款后，工厂____了生产。

(四)　　A. 回报　　B. 后悔　　C. 滑　　D. 慌　　E. 回避

1. 你别____，还有两个小时才起飞。

2. 你不要____我的问题。

3. 辞职以后，他____极了。

4. 希望你学成以后能积极____社会。

5. 路上有冰，____得很！

三、选择合适的词语完成句子　Choose the right words to complete the sentences.

1. 遇到任何事都不要____，要冷静。

　　A. 慌忙　　　　B. 连忙　　　　C. 慌　　　　D. 急忙

2. 让我们一起进入婚礼的下一个____。

　　A. 环节　　　　B. 细节　　　　C. 环境　　　　D. 内容

3. 我____刚才没有批评她一顿。

　　A. 后头　　　　B. 后悔　　　　C. 后果　　　　D. 清醒

4. 你要尽量____说话。

　　A. 回避　　　　B. 难免　　　　C. 不免　　　　D. 避免

5. 他没站稳，从岸上____下去了。

　　A. 游　　　　　B. 洗　　　　　C. 滑　　　　　D. 派

71

第18单元　Unit 18

◎ **目标词语　Target words**

341. 回顾	342. 回收	343. 回头	344. 回信	345. 回忆
346. 汇款	347. 会谈	348. 活力	349. 活泼	350. 火柴
351. 火腿	352. 火灾	353. 或是	354. 机器人	355. 机制
356. 肌肉	357. 基地	358. 基金	359. 即使	360. 集团

◎ **速记　Quick memory**

341　**回顾**　huígù　*v.*　look back, review

他在小说里回顾了自己的一生。
我们要认真地回顾过去，总结经验和教训。

342　**回收**　huíshōu　*v.*　recycle, reclaim

回收旧手机
这些都是可回收垃圾。
旧报纸回收以后可以重新造纸。

343　**回头**　huítóu　*adv.*　later, some other time

好吧，咱们回头见。
我们回头再讨论这个问题。

344　**回信**　huíxìn　*n.*　reply; letter in reply

我一直没收到家里的回信。
事情办好后，我给你个回信儿。

345　**回忆**　huíyì　*v.*　call to mind, recall

我不想回忆这段经历。
事情已经过去很久了，我得回忆一下儿。

346　**汇款**　huì//kuǎn　remit money

我下午要去银行汇款。
请到1号窗口（chuāngkǒu, window）办理汇款业务。

347　**会谈**　huìtán

（1）*v.*　hold a talk/negotiation
他们会谈了两个小时。
当地时间10月26日，法国总统同到访的德国总理会谈。
（2）*n.*　talk, negotiation
这是一场非常成功的会谈。
今天的会谈进行得很顺利。

| 348 | 活力 | huólì | n. | vigor, vitality, energy |

他每天都充满了活力。
这些绿色的植物给房间增加了不少活力。

| 349 | 活泼 | huó·pō | adj. | active, vivacious |

这个孩子活泼可爱。
这篇文章写得生动活泼。

| 350 | 火柴 | huǒchái | n. | match, matchstick |

桌子上有一盒火柴。
这根火柴已经断了。

| 351 | 火腿 | huǒtuǐ | n. | gammon, ham |

这道菜是用火腿做的。
今天早上我吃了几片火腿、一个鸡蛋和一片面包。

| 352 | 火灾 | huǒzāi | n. | conflagration, fire (as a disaster) |

引起火灾；防止火灾
这场森林火灾是由吸烟引起的。
昨天，这里发生了一场很大的火灾。

| 353 | 或是 | huòshì | conj. | or |

每到周末，他或是去爬山，或是去朋友家玩儿。
或是今天，或是明天，我一定要找个机会跟他谈谈。

| 354 | 机器人 | jī·qìrén | n. | robot |

现在有很多餐馆都用机器人上菜。
这台机器人可以帮我们打扫房间。

| 355 | 机制 | jīzhì | n. | mechanism |

政府应不断完善就业服务机制。
目前的改革挑战了公司原来的经营机制。

| 356 | 肌肉 | jīròu | n. | muscle |

他腿上的肌肉很发达。
跑步以前要放松肌肉。

| 357 | 基地 | jīdì | n. | base |

工业基地；训练基地
长春是中国的汽车工业基地。
博物馆成为中小学生的教育活动基地。

| 358 | 基金 | jījīn | n. | fund |

活动基金
政府将用这笔基金发展旅游业。
政府为农村儿童设立了教育发展基金。

359 **即使** *jíshǐ* *conj.* even, even if, even though

即使你遇到再多的困难,也不能轻易放弃。
今天的内容太难了,**即使**来上课,你可能也听不懂。

360 **集团** *jítuán* *n.* group, bloc

这是一家大型出版**集团**。
集团正在努力扩展市场范围。

◎ 速练　Quick practice

一、先根据词语写拼音,再将词语和正确的英文释义连起来
Write Pinyin according to the words, and then match the words with the correct English definitions.

1. 火腿 _____　　A. fund

2. 肌肉 _____　　B. remit money

3. 集团 _____　　C. base

4. 机器人 _____　　D. conflagration, fire (as a disaster)

5. 基金 _____　　E. gammon, ham

6. 汇款 _____　　F. robot

7. 基地 _____　　G. group, bloc

8. 火灾 _____　　H. muscle

二、选择合适的词语填空　Choose the right words and fill in the blanks.

(一)　A. 回顾　　B. 汇款　　C. 火腿　　D. 肌肉　　E. 回收

1. 过年前,妈妈买了很多____。

2. 这家商店专门____旧手机和旧电脑。

3. 小明每个月都要给家里____。

4. 人在微笑时需要调动十几块面部(miànbù, face)的____。

5. 我们先简单地____一下儿这段历史。

(二)　A. 会谈　　B. 火灾　　C. 基地　　D. 回头　　E. 活力

1. 这场____是由一根火柴引起的。

2. 上海是一座非常有____的城市。

3. ____我们再约一个时间聊聊。

4. 双方一共进行了三次____。

5. 我们公司在全国有三十多个生产____。

(三)　　A. 或是　　B. 基金　　C. 回信　　D. 活泼　　E. 机器人

1. 这是一家____制造公司。

2. 他的性格很____。

3. 这笔____将用于森林保护工作。

4. ____读研，____工作，但你不能待在家里什么也不做。

5. 我没想到竟然真的收到了那个作家的____。

(四)　　A. 即使　　B. 回忆　　C. 火柴　　D. 机制　　E. 集团

1. 你相信阳光可以点燃____吗？

2. ____没钱吃饭，你也不能偷别人的钱。

3. 这是一家从事农业生产的____。

4. 妈妈常常____我们小时候的样子。

5. 这样做的目的是完善现有的教育____。

三、选择合适的词语完成句子　Choose the right words to complete the sentences.

1. 这是我们应该做的，不求什么____。

　　A. 回报　　　B. 回收　　　C. 回头　　　D. 回复

2. 接下来请收看《一周新闻____》节目。

　　A. 回忆　　　B. 记得　　　C. 记住　　　D. 回顾

3. 祝你一直这么年轻有____！

　　A. 活　　　　B. 活力　　　C. 活泼　　　D. 活动

4. 这次比赛他准备得很充分，____会得冠军。

　　A. 或是　　　B. 倒是　　　C. 或许　　　D. 或者

5. 他抓住了历史____，成功地把企业做大做强了。

　　A. 机制　　　B. 法制　　　C. 限制　　　D. 机遇

第 19 单元　Unit 19

◎ 目标词语　Target words

361. 挤	362. 记忆	363. 技能	364. 继承	365. 加热
366. 加上	367. 加速	368. 加以	369. 夹	370. 甲
371. 价	372. 驾驶	373. 驾照	374. 坚定	375. 肩
376. 艰苦	377. 艰难	378. 检验	379. 减轻	380. 剪

◎ 速记　Quick memory

361　挤　jǐ

（1）v.　crowd, pack
地铁里挤满了人。
孩子们挤在一起聊天儿。
（2）adj.　crowded
工作日的早上，公交车上很挤。
孩子长大了，我们现在住的房子实在是太挤了。

362　记忆　jìyì

（1）v.　recall; remember
小时候的事情有些还能记忆起来。
老师今天教了我们一些记忆汉字的方法。
（2）n.　memory
他将永远活在我们的记忆中。
他给大家讲了一段美好的童年记忆。

363　技能　jìnéng　n.　technical ability, skill, technique

专业技能；职业技能
爸爸说，多一种技能多一条路。
你还年轻，要在工作中培养技能，积累经验。

364　继承　jìchéng　v.　inherit

他继承了一大笔遗产。
爸爸希望我能继承他的事业。

365　加热　jiā//rè　heat up

这辆车的座椅有加热功能。
妈妈让我把牛奶加热了再喝。

366　加上　jiāshàng　conj.　in addition

你不去，加上她也不去，我就不太想去了。
他不太努力，加上基础也差，学习成绩一直不好。

367 加速 jiāsù v. quicken, speed up, accelerate

火车正在加速前进。
他在跑最后一圈时突然加速。

368 加以 jiāyǐ

（1）v. *used before a disyllabic verb to indicate how to treat or handle the previously mentioned thing*
加以说明；加以讨论
你应该对过去的经验加以总结。
社会应对毕业生就业问题加以关注。
（2）conj. *furthermore, in addition*
他本来就聪明，加以特别努力，所以进步很快。
这家饭馆的菜很好吃，加以价格便宜，所以吸引了很多顾客。

369 夹 jiā v. press from both sides; carry sth. under one's arm; place in between; mix, mingle

我还不会用筷子夹菜。
他夹着书走进了教室。
她把树叶夹在了书里。
他虽然夹在人群里，但我还是一眼就看见了他。

370 甲 jiǎ n. first; nail

最优秀的学生将得到甲等奖学金。
他把指甲（zhǐjiǎ, fingernail）剪得很整齐，双手（shuāng shǒu, both hands）始终保持干净。

371 价 jià n. price

这件衣服什么价？
妈妈的爱是无价的。

372 驾驶 jiàshǐ v. drive, steer

他驾驶着一辆新型电动车。
这条路上的车很少，你可以放心驾驶。

373 驾照 jiàzhào n. driving license

这本驾照是谁的？
交警正在检查我的驾照。

374 坚定 jiāndìng

（1）adj. firm, unswerving
他的态度很坚定。
只要有坚定的理想、乐观的态度、科学的方法，就一定能成功。
（2）v. strengthen, harden
实验结果坚定了他的想法。
这次的成功更加坚定了她的信心。

375 肩 jiān n. shoulder

小时候，爸爸常常让我坐在他的肩上。

全家都靠她的工资生活，她肩上的责任很重。

376 **艰苦** jiānkǔ *adj.* arduous, hard, tough

条件艰苦；生活艰苦
他是在艰苦的环境中长大的。
通过三年的艰苦学习，她终于考上了理想的大学。

377 **艰难** jiānnán *adj.* difficult, hard

他非常艰难地完成了这项工作。
对我来说，这是一个艰难的选择。

378 **检验** jiǎnyàn *v.* test, examine, inspect

检验产品；检验成果
他认真地检验产品的质量。
这套理论已经在实际工作中检验过了。

379 **减轻** jiǎnqīng *v.* alleviate, lighten

减轻任务；减轻压力；体重减轻
这种药可以减轻你的痛苦。
为了减轻妈妈的负担，他一边上大学，一边打工。

380 **剪** jiǎn *v.* shear, cut (with scissors), snip

剪短；剪得很好看
你该剪头发了。
孩子在纸上剪出了一个洞。

◎ 速练　Quick practice

一、先根据词语写拼音，再将词语和正确的英文释义连起来
Write Pinyin according to the words, and then match the words with the correct English definitions.

1. 减轻 _____　　A. technical ability, skill, technique

2. 艰难 _____　　B. test, examine, inspect

3. 继承 _____　　C. firm, unswerving; strengthen, harden

4. 驾驶 _____　　D. alleviate, lighten

5. 坚定 _____　　E. quicken, speed up, accelerate

6. 加速 _____　　F. difficult, hard

7. 技能 _____　　G. drive, steer

8. 检验 _____　　H. inherit

二、选择合适的词语填空　Choose the right words and fill in the blanks.

（一）　　A. 挤　　　B. 加上　　　C. 价　　　D. 艰苦　　　E. 记忆

1. 北京这两年的物____没什么变化。
2. 这儿的生活条件很____。
3. 在我的____中，他是一个很聪明的孩子。
4. 老师让我在这儿____一句总结的话。
5. 车上的人太多了，我____不上去。

（二）　　A. 加速　　　B. 驾驶　　　C. 艰难　　　D. 技能　　　E. 加以

1. 姐姐正在学习汽车____。
2. 你应该在报告中对特殊情况____说明。
3. 那辆车撞（zhuàng, knock down）了人以后不但没停下来，反而____离开了。
4. 我们一起度过了那段最____的日子。
5. 他又学会了一个新的____。

（三）　　A. 驾照　　　B. 检验　　　C. 继承　　　D. 夹　　　E. 坚定

1. 妈妈给我____了很多菜，让我多吃点儿。
2. 我们要____优秀的传统文化。
3. 希望大家能____信心，团结合作。
4. 我的____是去年考出来的。
5. 考试是为了____学习效果。

（四）　　A. 减轻　　　B. 加热　　　C. 甲　　　D. 肩　　　E. 剪

1. 妈妈正在给弟弟____头发。
2. 小明把手放在了父亲的____上。
3. 父母要帮助孩子____压力。
4. 先把锅____，再倒油进去。
5. 这是一家美____店。

三、选择合适的词语完成句子　Choose the right words to complete the sentences.

1. 这里的条件虽然很____，但他们还是圆满完成了各项任务。
   A. 痛苦　　　B. 艰苦　　　C. 难过　　　D. 难度

2. 一看到喜欢的人，她的心跳就____了许多。
   A. 迅速　　　　B. 加油　　　　C. 加快　　　　D. 增加

3. 你不仅要有设计能力，还要有良好的沟通____。
   A. 技术　　　　B. 科技　　　　C. 办法　　　　D. 技巧

4. 他总是____地说："坚持下去就能成功。"
   A. 坚强　　　　B. 坚固　　　　C. 坚定　　　　D. 固定

5. 爷爷留下的财产由我们共同____。
   A. 继承　　　　B. 承办　　　　C. 继续　　　　D. 接着

第 20 单元　Unit 20

◎ 目标词语　Target words

381. 剪刀	382. 剪子	383. 间接	384. 建造	385. 建筑
386. 健全	387. 键	388. 键盘	389. 将	390. 将要
391. 奖励	392. 交代	393. 郊区	394. 胶带	395. 胶水
396. 脚步	397. 接触	398. 接连	399. 解除	400. 解放

◎ 速记　Quick memory

381　**剪刀**　jiǎndāo　*n.*　(a pair of) scissors, shears

这把剪刀是专门用来剪头发的。
这把剪刀很快，用的时候小心点儿！

382　**剪子**　jiǎnzi　*n.*　(a pair of) scissors, shears

他用左手拿起了那把剪子。
她们用剪子剪出了各种各样的图案。

383　**间接**　jiànjiē　*adj.*　indirect, second-hand

书本上的知识都是间接经验。
我已经间接知道了有关他的事。

384　**建造**　jiànzào　*v.*　construct, build

北京正在建造地铁22号线。
我们学校打算建造一座新的研究生大楼。

385　**建筑**　jiànzhù

（1）*v.*　build, construct
这座大桥建筑得相当坚固。
不能把自己的幸福建筑在别人的痛苦上。
（2）*n.*　building, structure
我们要保护这些古老的建筑。
中国国家博物馆是由著名建筑设计师张开济设计的。

386　**健全**　jiànquán

（1）*adj.*　sound, sane, healthy
这里环境优美，体育设施健全，适合休假。
家长要给孩子创造一个良好的成长空间，培养孩子健全的心理。
（2）*v.*　perfect, improve, strengthen
学校要健全奖学金申请制度。
我们公司健全了职工管理规定。

387 键　　jiàn　　n.　　key

按一下儿那个红色键，电脑就开机了。
他轻轻按了按钢琴的琴（qín, generic name for certain musical instruments, usually plucked）键。

388 键盘　　jiànpán　　n.　　keyboard

我给我的平板电脑配了一个键盘。
我用的是静音键盘，基本没声音。

389 将　　jiāng

（1）adv.　　will, be about to, be going to
他不久之后将出国读书。
飞机将于20分钟后降落。
（2）prep.　　used to introduce the object before the verb and is equivalent to the preposition "把"
他将孩子照顾得很好。
妈妈将这幅画儿留给了我。

390 将要　　jiāngyào　　adv.　　be going to, will

他们将要在这里举行婚礼。
这里将要建造一座新的大桥。

391 奖励　　jiǎnglì

（1）v.　　award, reward
老师奖励了一个本子给我。
警察奖励了那个抓小偷儿的人。
（2）n.　　award, reward
这套书是妈妈给我的奖励。
兄弟俩都受到了学校的奖励。

392 交代　　jiāodài　　v.　　enjoin, tell, leave word

老板交代给她一项重要的工作。
出差之前，妈妈把家里的事都交代了一遍。

393 郊区　　jiāoqū　　n.　　suburbs, outskirts

奶奶的家在郊区。
从城里到郊区的交通越来越方便了。

394 胶带　　jiāodài　　n.　　adhesive tape

我想买一卷透明胶带。
爸爸用胶带封住了窗户。

395 胶水　　jiāoshuǐ　　n.　　glue

科学家最近研究出一种医用胶水。
她用胶水把照片贴在了报名表上。

396 脚步　　jiǎobù　　n.　　footstep, pace

进门时，我尽量让自己的脚步轻一点儿。

他加快了<u>脚步</u>，很快就赶上了前面的同学。

| 397 | **接触** | jiēchù | *v.* | come into contact with, get in touch with |

医生每天都会<u>接触</u>病人。
他以前从来没<u>接触</u>过中文。

| 398 | **接连** | jiēlián | *adv.* | in succession |

他<u>接连</u>说了三遍我才听懂。
最近几天，这个路口<u>接连</u>发生交通事故。

| 399 | **解除** | jiěchú | *v.* | remove, relieve, terminate |

他们之间的误会终于<u>解除</u>了。
我们两家公司已经<u>解除</u>了合作关系。

| 400 | **解放** | jiěfàng | *v.* | liberate, emancipate |

洗衣机<u>解放</u>了我们的双手。
要想创新，首先要<u>解放</u>思想。

◎ 速练 Quick practice

一、先根据词语写拼音，再将词语和正确的英文释义连起来
Write Pinyin according to the words, and then match the words with the correct English definitions.

1. 脚步 _____   A. keyboard

2. 剪刀 _____   B. indirect, second-hand

3. 接触 _____   C. in succession

4. 间接 _____   D. glue

5. 键盘 _____   E. build, construct; building, structure

6. 接连 _____   F. come into contact with, get in touch with

7. 胶水 _____   G. footstep, pace

8. 建筑 _____   H. (a pair of) scissors, shears

二、选择合适的词语填空 Choose the right words and fill in the blanks.

（一）   A. 剪刀   B. 健全   C. 奖励   D. 脚步   E. 键

1. 门外响起了爸爸的____声。

2. 阳光照在了钢琴的黑白琴____上。

3. 这把____是专门用来做衣服的。

4. 一个人除了要有健康的身体，还要有____的心理。

5. 公司对工作成绩突出的员工进行了____。

（二）　　A.剪子　　　B.键盘　　　C.交代　　　D.接触　　　E.间接

1. 他____了不同行业的人后，发现自己最想当记者。

2. 出门前，妈妈一再____我们要注意安全。

3. 人的大部分知识都是通过学习____经验得来的。

4. 奶奶能用一把普通的____剪出各种好看的图案。

5. 这个旧____已经坏了，我又买了一个新的。

（三）　　A.郊区　　　B.接连　　　C.建造　　　D.将　　　E.胶带

1. 家里的____用完了，我现在去超市买。

2. 我____永远记住你说的话。

3. 最近几年，这座城市的____建设得越来越好了。

4. 他在报纸上____发了好几篇文章。

5. 这里将____一个大型商业广场。

（四）　　A.解除　　　B.建筑　　　C.将要　　　D.胶水　　　E.解放

1. 我不小心把____弄到手上了，怎么办？

2. 孩子上大学以后，妈妈终于____了。

3. 两家公司已经____了合作关系。

4. 城市里的高层____越来越多。

5. 我们的研究____取得重大进展，大家再坚持一下儿。

三、选择合适的词语完成句子　Choose the right words to complete the sentences.

1. 祝你一生平安____！

　　A.健身　　　　B.健全　　　　C.健康　　　　D.完全

2. 要是你能得第一名，爸爸就____你一台电脑。

　　A.奖金　　　　B.鼓励　　　　C.奖励　　　　D.奖学金

3. 每次出门前，母亲总____我要小心安全。

　　A.交代　　　　B.交流　　　　C.谈判　　　　D.通知

4. 张医生总是尽力为病人____痛苦。

　　A.解开　　　　B.解除　　　　C.解释　　　　D.解放

5. 春节____，报名出国旅游的人越来越多。

　　A.快要　　　　B.将来　　　　C.将要　　　　D.将近

第 21 单元　Unit 21

◎ **目标词语　Target words**

401. 戒	402. 届	403. 今日	404. 尽管	405. 尽可能
406. 紧紧	407. 进化	408. 近来	409. 经费	410. 景象
411. 警告	412. 竞赛	413. 竞争	414. 酒鬼	415. 救灾
416. 居然	417. 局面	418. 局长	419. 举动	420. 拒绝

◎ **速记　Quick memory**

401　**戒**　jiè　*v.*　give up, stop

我去年就<u>戒</u>酒了。
爸爸<u>戒</u>过好几次烟，但都没<u>戒</u>掉。

402　**届**　jiè　*m.*　year (of graduation), session (of a conference)

他是本<u>届</u>毕业生的优秀代表。
这<u>届</u>亚洲运动会将在中国杭州（Hángzhōu）举行。

403　**今日**　jīnrì　*n.*　today

旅行团已于<u>今日</u>上午9点离开了北京。
在<u>今日</u>的比赛中，中国队共获得了8枚金牌。

404　**尽管**　jǐnguǎn

（1）*adv.*　freely, unhesitatingly
你有什么想法<u>尽管</u>提出来。
你什么时候想来玩儿，<u>尽管</u>来。
（2）*conj.*　although
<u>尽管</u>雨停了，可是天还是很阴。
<u>尽管</u>我的工资不高，但是工作比较轻松。

405　**尽可能**　jǐn kěnéng　try one's best

你<u>尽可能</u>多吃一点儿，别浪费了。
看到别人有困难，他总是<u>尽可能</u>去帮助。

406　**紧紧**　jǐnjǐn　closely, firmly, tightly

你要<u>紧紧</u>围绕考试的内容进行复习。
小明<u>紧紧</u>拉着妈妈的手，不愿意松开。

407　**进化**　jìnhuà　*v.*　evolve

语言在不断地<u>进化</u>发展。
这本书回顾了人类<u>进化</u>的历史。

408 **近来** jìnlái *n.* recently, lately

他近来经常出差。
近来身体怎么样？工作忙吗？

409 **经费** jīngfèi *n.* funding for regular expenditure

活动经费；研究经费
由于经费不足，周末的活动取消了。
这笔经费专门用于给学生购买电脑。

410 **景象** jǐngxiàng *n.* scene, sight

这样的景象让人感到难过。
这里又恢复了曾经热闹的景象。

411 **警告** jǐnggào

（1）*v.* warn
爸爸警告哥哥喝酒以后不能开车。
老师警告我不上课就不能参加考试。
（2）*n.* warning
爸爸不听医生的警告。
学校给了他一个严重警告。

412 **竞赛** jìngsài *v.* competition, contest

请大家遵守竞赛规则。
数学竞赛是分年级进行的。

413 **竞争** jìngzhēng *v.* compete, vie

这是一个充满竞争的世界。
现代社会的竞争越来越激烈。

414 **酒鬼** jiǔguǐ *n.* drunkard

每天喝这么多，你想当酒鬼吗？
他以前是一个酒鬼，现在已经戒酒了。

415 **救灾** jiù//zāi provide disaster relief

军人在救灾中起到了关键作用。
地震以后政府马上开展了救灾活动。

416 **居然** jūrán *adv.* unexpectedly, to one's surprise

昨天还在下雪，今天居然就20度了！
他没去医院，也没吃药，病居然好了。

417 **局面** júmiàn *n.* aspect, phase, situation

公司正面临着充满挑战的局面。
我们要在工作中开创（kāichuàng, create, start）新局面。

418 **局长** júzhǎng *n.* director general, director of a bureau

教育局新来了一位女局长。

他终于当上了警察局的<u>局</u>长。

419 **举动**　　jǔdòng　　*n.*　　move, act, activity

错误<u>举动</u>；文明的<u>举动</u>
她的这一<u>举动</u>让大家非常吃惊。
妈妈一直在旁边观察孩子的<u>举动</u>。

420 **拒绝**　　jùjué　　*v.*　　refuse, reject

<u>拒绝</u>接受
老师<u>拒绝</u>了我的要求。
她从来没有<u>拒绝</u>过别人的求助（qiúzhù, ask for help）。

◎ **速练**　Quick practice

一、先根据词语写拼音，再将词语和正确的英文释义连起来
Write Pinyin according to the words, and then match the words with the correct English definitions.

1. 经费 _____　　　　A. warn; warning

2. 近来 _____　　　　B. closely, firmly, tightly

3. 今日 _____　　　　C. give up, stop

4. 警告 _____　　　　D. funding for regular expenditure

5. 局面 _____　　　　E. refuse, reject

6. 戒 _____　　　　　F. recently, lately

7. 紧紧 _____　　　　G. today

8. 拒绝 _____　　　　H. aspect, phase, situation

二、选择合适的词语填空　Choose the right words and fill in the blanks.

（一）　　A.戒　　B.尽可能　　C.局面　　D.居然　　E.届

1. 老师____也不认识这个汉字。

2. 公司现在的经营____非常困难。

3. 张明是湖北大学2022____的毕业生。

4. 为了减肥，她打算____掉甜食，改变不好的生活习惯。

5. 能参加的活动他都____参加。

（二）　　A.进化　　B.竞赛　　C.今日　　D.警告　　E.近来

1. 你____在忙些什么？

2. 因为多次违反规则，他被裁判____了。

3. 人类一直处在____中，只是速度非常慢。

4. 这次知识____将在学校的体育馆举行。

5. 旅行团已于____上午十点离开北京。

（三）　　A. 竞争　　B. 局长　　C. 尽管　　D. 经费　　E. 酒鬼

1. 他们向学校申请了一笔研究____。

2. 想睡觉____睡，反正今天是星期天。

3. 路边躺着一个____。

4. 要想在市场____中获胜（huòshèng，win victory），必须提高产品质量。

5. 张____现在不在办公室。

（四）　　A. 举动　　B. 紧紧　　C. 景象　　D. 救灾　　E. 拒绝

1. 这篇文章记录了____的整个过程。

2. 他____接受这个事实。

3. 对他的这个____，朋友们都表示不理解。

4. 你要____抓住这次机会。

5. 书中描写的____正在变成现实。

三、选择合适的词语完成句子　Choose the right words to complete the sentences.

1. 我真没想到，他____会做出这种事来。

　　A. 既然　　　B. 依然　　　C. 居然　　　D. 果然

2. 张教授说研究工作已取得初步____。

　　A. 推进　　　B. 进行　　　C. 进化　　　D. 进展

3. 谁想和我____写汉字？

　　A. 竞争　　　B. 比赛　　　C. 竞赛　　　D. 决赛

4. 秋天来了，一片丰收的____。

　　A. 景象　　　B. 景色　　　C. 背景　　　D. 现象

5. 他在这次战斗中____迅速，判断准确。

　　A. 变动　　　B. 冲动　　　C. 行动　　　D. 举动

第22单元　Unit 22

◎ **目标词语　Target words**

421. 俱乐部	422. 剧本	423. 决不	424. 绝望	425. 军人
426. 开幕	427. 开幕式	428. 看成	429. 看出	430. 看待
431. 考核	432. 烤肉	433. 烤鸭	434. 靠近	435. 颗
436. 咳	437. 可	438. 可怜	439. 可惜	440. 渴望

◎ **速记　Quick memory**

421　**俱乐部**　jùlèbù　*n.*　club

足球<u>俱乐部</u>
她参加了一个读书<u>俱乐部</u>。
他是老年人<u>俱乐部</u>的成员。

422　**剧本**　jùběn　*n.*　play, script, scenario

他刚写完一个电影<u>剧本</u>。
成龙对这个<u>剧本</u>非常感兴趣。

423　**决不**　jué bù　never, by no means

这件事我<u>决不</u>会告诉你。
他<u>决不</u>后悔自己做过的事。

424　**绝望**　jué//wàng　despair, desperate

他对生活还没有完全<u>绝望</u>。
试验一再失败，他<u>绝望</u>极了。

425　**军人**　jūnrén　*n.*　soldier

哥哥想成为一名<u>军人</u>。
这列火车上全是<u>军人</u>。

426　**开幕**　kāi//mù　inaugurate, open, begin a performance

正式<u>开幕</u>；准时<u>开幕</u>
运动会<u>开幕</u>的日期推迟了。
全国学生代表大会今天<u>开幕</u>了。

427　**开幕式**　kāimùshì　*n.*　opening ceremony

他在<u>开幕式</u>上表演了中国功夫。
多个国家的领导人出席了昨天的<u>开幕式</u>。

428　**看成**　kànchéng　regard as, mistake... for...

他把"我"字<u>看成</u>了"找"字。

有的同学把作业看成"负担",这是不对的。

429 看出 kànchū see, find out

我竟然没看出这篇文章的价值。
从这件事可以看出他是一个很热心的人。

430 看待 kàndài v. look upon, regard, treat

你怎样看待你的生活?
我一直把你当妹妹看待。

431 考核 kǎohé v. assess, appraise

学校将于下周公布考核结果。
公司定期对员工的工作情况进行考核。

432 烤肉 kǎoròu n. roast meat, barbecue

这家烤肉店很有名。
一盘烤肉不够吃,再来一盘吧。

433 烤鸭 kǎoyā n. roast duck

北京烤鸭很好吃。
我们五个人吃了三只烤鸭。

434 靠近 kàojìn v. be near/close to

靠近河边的地方有一片树林。
在靠近大海的地方,能闻到海水的味道。

435 颗 kē m. a measure word for small and roundish things

她有一颗善良的心。
成人一般有28～32颗牙。

436 咳 ké v. cough

你咳得这么厉害,还是去医院看看吧。
孩子咳了几声,妈妈赶紧让他喝了些热水。

437 可 kě

(1) adv. used for emphasis
今天的雨可不小。
这个问题可怎么解决啊?
(2) conj. but
她吃得多,可就是长不胖。
虽然他工作很忙,可工资高啊。

438 可怜 kělián

(1) adj. meager, miserable, poor
报名的人少得可怜。
孩子发烧了,很不舒服,一副可怜的样子。

（2） *v.* have pity on
我不需要你<u>可怜</u>我。
孩子<u>可怜</u>那只受伤的小猫。

439 **可惜** kěxī *adj.* too bad, pitiful

丢掉了这么好的机会，太<u>可惜</u>了！
这么好的杯子，扔（rēng, throw away）了多可惜啊！

440 **渴望** kěwàng *v.* long for, thirst for

他<u>渴望</u>上大学。
他<u>渴望</u>和家人在一起生活。

◎ 速练　Quick practice

一、先根据词语写拼音，再将词语和正确的英文释义连起来
Write Pinyin according to the words, and then match the words with the correct English definitions.

1. 可怜 _____　　A. club

2. 开幕式 _____　　B. soldier

3. 咳 _____　　C. roast duck

4. 俱乐部 _____　　D. play, script, scenario

5. 剧本 _____　　E. long for, thirst for

6. 烤鸭 _____　　F. cough

7. 军人 _____　　G. opening ceremony

8. 渴望 _____　　H. meager, miserable, poor; have pity on

二、选择合适的词语填空　Choose the right words and fill in the blanks.

（一）　A. 俱乐部　　B. 开幕　　C. 可　　D. 考核　　E. 剧本

1. 中国文化展即将____。

2. 有的演员喜欢自己改____。

3. 这是一家足球____。

4. 我____不相信你说的话。

5. 学校每学期都对老师进行____。

（二）　A. 开幕式　　B. 烤肉　　C. 咳　　D. 决不　　E. 看成

1. 他感冒快好了，已经不怎么____了。

2. 我把她____最好的朋友。

3. 2022年北京冬季奥运会的____非常精彩。

4. 我们全家都爱吃____。

5. 他____浪费哪怕一分钟时间。

（三） A. 烤鸭　　　B. 可怜　　　C. 绝望　　　D. 看出　　　E. 靠近

1. 从这篇文章我们可以____他的态度。

2. 我们的教学楼____学校大门。

3. 这只____够三个人吃。

4. 这些失去父母的孩子都很____。

5. 人总是在____中寻找希望。

（四） A. 可惜　　　B. 军人　　　C. 看待　　　D. 颗　　　E. 渴望

1. 天上有无数____星星。

2. 他____有一个幸福的家庭。

3. 差一分就能超过他了，多____啊！

4. 她的丈夫是一名____。

5. 你要认真____这个问题。

三、选择合适的词语完成句子　Choose the right words to complete the sentences.

1. 这家书店刚____不久，就有了很多顾客。

　　A. 开会　　　　B. 开业　　　　C. 开幕　　　　D. 闭幕

2. 在这次____中，有九名老师获得了优秀。

　　A. 考核　　　　B. 考虑　　　　C. 考生　　　　D. 考验

3. 他____放过任何一个可能成功的机会。

　　A. 决心　　　　B. 决定　　　　C. 坚决　　　　D. 决不

4. 通过比较可以____，现代汉语的词汇更加丰富。

　　A. 看来　　　　B. 看待　　　　C. 看出　　　　D. 看成

5. ____三年的留学生活使他在生活上更加独立了。

　　A. 将近　　　　B. 最近　　　　C. 靠近　　　　D. 依靠

第 23 单元　Unit 23

◎ **目标词语**　Target words

441. 刻	442. 客户	443. 客气	444. 客厅	445. 课题
446. 肯定	447. 空中	448. 控制	449. 口号	450. 库
451. 快活	452. 宽度	453. 狂	454. 亏	455. 困扰
456. 落	457. 来信	458. 烂	459. 朗读	460. 浪漫

◎ **速记**　Quick memory

441　刻　kè　*v.*　carve, engrave, cut

这块石头上刻了很多字。
这座山上刻有很多古人的文章和诗句，有一千多年的历史了。

442　客户　kèhù　*n.*　customer, client

销售人员要经常见客户。
客户对我们的服务很满意。

443　客气　kèqi

（1）*adj.*　polite, courteous
他说话非常不客气。
他客气地拒绝了我的礼物。
（2）*v.*　stand on ceremony
别客气了，吃吧。
都是朋友，还客气什么？

444　客厅　kètīng　*n.*　living room

爸爸正在客厅看电视呢。
她把客厅布置得非常漂亮。

445　课题　kètí　*n.*　topic for study or discussion

选课题；研究课题
他对这个课题很有研究。
对儿童心理的研究已经成为一个专门的课题。

446　肯定　kěndìng

（1）*v.*　affirm, commend
肯定优点；肯定能力；得到肯定
他再一次肯定了这个想法。
领导充分肯定了张明的成绩。
（2）*adj.*　affirmative, clear
说得肯定；态度肯定

我的回答是肯定的。
请你肯定地告诉大家，你去还是不去。

447 空中　　kōngzhōng　　n.　　in the air, in the sky

空中有很多气球。
鸟儿在空中排成了一个"人"字。

448 控制　　kòngzhì　　v.　　control

控制规模；控制时间；控制不了；进行控制
运动时要学会控制自己的身体。
我要控制一下儿体重，再也不吃甜的了。

449 口号　　kǒuhào　　n.　　slogan, catchword

喊口号；宣传口号
这句口号是什么意思？
"健康生活"是我们的口号。

450 库　　kù　　n.　　warehouse, storeroom

我们的资料库里缺少这方面的数据。
为了满足公司的生产发展需求，我们新建了1000 m^2 的冷库。

451 快活　　kuàihuo　　adj.　　happy, joyful

他们快活地跳着舞。
考完试以后，大家的心情都很快活。

452 宽度　　kuāndù　　n.　　width, breadth

这张桌子的宽度是多少？
足球场的宽度和篮球场的不一样。

453 狂　　kuáng　　adj.　　crazy; violent

他突然狂笑起来。
外面突然刮起狂风。

454 亏　　kuī　　v.　　have a deficit; be short of; treat unfairly; thanks to

为了拍这部电影，导演亏了不少钱。
他自知理亏，所以不怎么说话。
你放心吧，跟着我干，亏不了你的。
亏他提醒，我才想起来。

455 困扰　　kùnrǎo　　v.　　haunt/harass continually, perplex

这个问题困扰了我很久。
很多运动员都被伤病困扰。

456 落　　là　　v.　　leave out, be missing; forget to bring; fall behind

你作文的这里落了两个字。
我把书落在家里了。
我们一起跑步时，小明总是落在大家的后面。

| 457 | 来信 | láixìn | *n.* | incoming letter |

这封<u>来信</u>我已经看了三遍了。
爸爸在<u>来信</u>里鼓励我好好学习。

| 458 | 烂 | làn | *adj.* | mashed, mushy; rotten; torn to pieces; messy |

这面条儿被你煮（zhǔ, boil）<u>烂</u>了。
香蕉容易<u>烂</u>，得快点儿吃。
这些书放在这儿好几十年了，纸都<u>烂</u>了。
这是一堆<u>烂</u>账（zhàng, account），谁也查不清楚。

| 459 | 朗读 | lǎngdú | *v.* | read aloud |

<u>朗读</u>小说；大声<u>朗读</u>
同学们在老师的带领下<u>朗读</u>课文。
他每天早上都要<u>朗读</u>一个小时中文。

| 460 | 浪漫 | làngmàn | *adj.* | romantic |

他是一个很<u>浪漫</u>的人。
生活中没有那么多<u>浪漫</u>的事。

◎ 速练　Quick practice

一、先根据词语写拼音，再将词语和正确的英文释义连起来
Write Pinyin according to the words, and then match the words with the correct English definitions.

1. 肯定 _____　　A. read aloud
2. 刻 _____　　B. incoming letter
3. 来信 _____　　C. romantic
4. 口号 _____　　D. warehouse, storeroom
5. 宽度 _____　　E. affirm, commend; affirmative, clear
6. 朗读 _____　　F. carve, engrave, cut
7. 浪漫 _____　　G. slogan, catchword
8. 库 _____　　H. width, breadth

二、选择合适的词语填空　Choose the right words and fill in the blanks.

（一）　A. 刻　　B. 肯定　　C. 快活　　D. 落　　E. 客户

1. 他是我们银行的大____。
2. 他能在木头上____出一幅画儿。
3. 老师____了我的研究方向。

4. 在海里游泳感觉特别____。

5. 我把手机____车里了，我得回去拿。

（二） A.空中　　B.烂　　C.来信　　D.控制　　E.客气

1. 她努力____自己，才没有让眼泪掉下来。

2. 我正在看妈妈的____。

3. 他____地问了一个问题。

4. 下了雨，这条路更____了。

5. 雨后，____出现了一道美丽的彩虹（cǎihóng, rainbow）。

（三） A.狂　　B.宽度　　C.客厅　　D.口号　　E.困扰

1. 健康问题正在____他。

2. 每个公司都有自己的宣传____。

3. 听到这个消息，我们的心____跳不止。

4. 教练让我打球时充分利用场地的____。

5. 妈妈在____里放了两盆花。

（四） A.朗读　　B.课题　　C.库　　D.亏　　E.浪漫

1. 都是做生意，有的人____钱，有的人赚钱（zhuàn/qián, make money）。

2. 这是一个____的爱情电影。

3. 请跟我一起大声____。

4. 他正在研究一个很有意思的____。

5. 你可以把车停在车____里。

三、选择合适的词语完成句子　Choose the right words to complete the sentences.

1. 经理很重视对大____的管理和服务。

　　A.客人　　　　B.旅客　　　　C.客户　　　　D.游客

2. 运动能给人们带来____。

　　A.快活　　　　B.快乐　　　　C.快速　　　　D.痛快

3. 开车时，一定要____好速度。

　　A.控制　　　　B.限制　　　　C.复制　　　　D.研制

4. 他在很长一段时间内被头疼问题____。

   A. 打扰　　　　B. 干扰　　　　C. 困难　　　　D. 困扰

5. 我和姐姐有聊不完的____。

   A. 话题　　　　B. 主题　　　　C. 专题　　　　D. 课题

第 24 单元　Unit 24

◎ 目标词语　Target words

461. 劳动	462. 梨	463. 礼	464. 礼拜	465. 礼貌
466. 厉害	467. 立	468. 立场	469. 利润	470. 例外
471. 连接	472. 联络	473. 联想	474. 脸盆	475. 脸色
476. 恋爱	477. 两岸	478. 邻居	479. 铃	480. 铃声

◎ 速记　Quick memory

461　劳动　láodòng

（1）v.　work
参加劳动
爷爷整天在田里劳动。
退休后，我在农村劳动了几年。
（2）n.　labor
体力劳动
家务劳动包括哪些？
写作是一种脑力劳动。

462　梨　lí　n.　pear

这种香梨很好吃。
院子里种着一棵梨树。

463　礼　lǐ　n.　ceremony, ritual; courtesy, etiquette, manners; gift

他们的婚礼非常浪漫。
他们互相行了一个礼。
我给他送了一份大礼。

464　礼拜　lǐbài

（1）n.　week
我下个礼拜六去上海。
这本书我已经看了三个礼拜了。
（2）v.　attend a religious service
他们家每周都会去做礼拜。
他们礼拜的日子是哪一天？

465　礼貌　lǐmào

（1）n.　courtesy, politeness
出于礼貌；有礼貌
你怎么不讲礼貌啊？
这些孩子个个懂礼貌。

（2）*adj.*　polite, courteous
他礼貌地给客人倒酒。
他很礼貌地问我能不能坐在这儿。

466　**厉害**　lìhai　*adj.*　severe, terrible; amazing; stern

外面冷得厉害，多穿点儿。
你太厉害了，竟然会修手机！
这个老师很厉害，学生们都怕他。

467　**立**　lì　*v.*　stand; put up; set up; establish

他立在窗前，看着院子里的花花草草。
我们把广告牌立起来了。
哥哥立下了一个心愿（xīnyuàn，wish），一定要治好妈妈的病。
要通过立法的形式保护公民的个人信息安全。

468　**立场**　lìchǎng　*n.*　position, standpoint

个人立场；改变立场
他是一个立场坚定的人。
你们的立场不一样，所以看法也不一样。

469　**利润**　lìrùn　*n.*　profit

分配利润；获得利润；年利润
我们公司的利润比去年增长了50%。
新产品销售给公司带来了巨大的利润。

470　**例外**　lìwài

（1）*v.*　be an exception
妈妈一到周末就包饺子，今天也不例外。
我们班的同学都很喜欢吃烤鸭，我也不例外。
（2）*n.*　exception
这种情况是个例外。
我们家的人都喜欢吃辣的，哥哥却是一个例外。

471　**连接**　liánjiē　*v.*　connect, link

这座桥将河两边的城市连接起来。
网络将世界各地的人连接在一起。

472　**联络**　liánluò　*v.*　get in touch with, contact

联络感情；联络同学
飞机和地面控制中心失去了联络。
大家互相留了联系方式，方便以后联络。

473　**联想**　liánxiǎng　*v.*　associate, connect in the mind

引起联想；产生联想
妹妹是一个联想丰富的人。
小美的脸红红的，圆圆的，使人联想到苹果。

474 脸盆　liǎnpén　*n.*　washbasin

我用脸盆接了一些水。
这个脸盆是专门给小猫喝水用的。

475 脸色　liǎnsè　*n.*　complexion, look; facial expression

你的脸色很差，是不是身体不舒服？
一听到这个消息，他的脸色就变了。

476 恋爱　liàn'ài

（1）*v.*　be in love
父母不同意他们俩恋爱。
你想和什么样的人恋爱？
（2）*n.*　love
他已经谈过几次恋爱了。
妈妈催（cuī, urge）女儿赶紧谈恋爱。

477 两岸　liǎng'àn　*n.*　both banks/sides

春天来了，长江两岸景色优美。
大桥建成以后，两岸行人来往方便多了。

478 邻居　línjū　*n.*　neighbor

邻居之间要互相帮助。
我们是多年的老邻居了。

479 铃　líng　*n.*　bell, bell-shaped thing

风铃
打铃了，我们下课吧。
门铃（ménlíng, doorbell）响了，是客人来了吧。

480 铃声　língshēng　*n.*　tinkling of bells

一串铃声
你的手机铃声真好听！
老师没听到下课铃声。

◎ 速练　Quick practice

一、先根据词语写拼音，再将词语和正确的英文释义连起来
Write Pinyin according to the words, and then match the words with the correct English definitions.

1. 厉害 _____　　　　A. work; labor

2. 两岸 _____　　　　B. tinkling of bells

3. 梨 _____　　　　　C. washbasin

4. 劳动 _____　　　　D. severe, terrible; amazing; stern

5. 联想 _____　　　　E. courtesy, politeness; polite, courteous

6. 脸盆 _____　　　　F. both banks/sides

7. 铃声 _____　　　　G. pear

8. 礼貌 _____　　　　H. associate, connect in the mind

二、选择合适的词语填空　Choose the right words and fill in the blanks.

（一）　　A. 劳动　　　B. 厉害　　　C. 连接　　　D. 恋爱　　　E. 梨

1. 我想谈一场不分手的____。

2. 我们的心紧紧地____在一起。

3. 王明从小就爱____。

4. 冰箱里有几个____。

5. 我的头疼得____。

（二）　　A. 立　　　　B. 联络　　　C. 两岸　　　D. 礼　　　　E. 立场

1. 我们可以在船上欣赏____的风景。

2. 我是不会改变____的。

3. 两位年轻的女士____在一幅画儿前，久久不愿离去。

4. 我再也不会和他____了。

5. 你这么做太无____了！

（三）　　A. 联想　　　B. 邻居　　　C. 礼拜　　　D. 利润　　　E. 铃

1. ____响了，该上课了。

2. 这种商品的____很高。

3. 这个____太忙了，我都没给妈妈打电话。

4. 我的____在医院工作。

5. 这片云让我____到一只奔跑（bēnpǎo, run）的小狗。

（四）　　A. 脸盆　　　B. 礼貌　　　C. 例外　　　D. 脸色　　　E. 铃声

1. 经过治疗，他的____比过去好多了。
2. 妹妹用她最喜欢的歌做手机____。
3. 他在____里接了一些热水，准备洗脸。
4. 他对老师很有____。
5. 他每次聚会都不喝酒，这次也不____。

三、选择合适的词语完成句子　Choose the right words to complete the sentences.

1. 我的手机现在____的是这里的 Wi-Fi。

　　A. 接连　　　　B. 连接　　　　C. 连续　　　　D. 接下来

2. 这些知识都与我们的工作____紧密。

　　A. 联系　　　　B. 相关　　　　C. 联络　　　　D. 关键

3. 请你站在我的____上想一想。

　　A. 现场　　　　B. 当场　　　　C. 立场　　　　D. 观点

4. 这次旅行是公司给员工的____。

　　A. 利润　　　　B. 利息　　　　C. 利益　　　　D. 福利

5. 他每年都不回家过春节，今年____，他回家了。

　　A. 例外　　　　B. 此外　　　　C. 以外　　　　D. 例如

第 25 单元　Unit 25

◎ 目标词语　Target words

481. 领带	482. 令	483. 流动	484. 流通	485. 漏
486. 漏洞	487. 逻辑	488. 落实	489. 码头	490. 骂
491. 买卖	492. 漫长	493. 漫画	494. 毛笔	495. 矛盾
496. 冒	497. 贸易	498. 煤	499. 煤气	500. 门诊

◎ 速记　Quick memory

481　领带　lǐngdài　*n.*　necktie, tie

系领带；一条领带
哥哥正在镜子前打领带。
这次出差，妈妈给爸爸准备了好几条领带。

482　令　lìng　*v.*　order; make, cause

令人高兴
公司令他马上出差。
今天的比赛令人激动。

483　流动　liúdòng　*v.*　flow, move, circulate; go from place to place

空气流动；人才流动
钢琴声像水一样在房间里流动着。
医院建立了一支流动医疗队。

484　流通　liútōng　*v.*　circulate

商品流通；信息流通；扩大流通范围
这种花适合养在空气比较流通的地方。
这些人民币已经停止流通了。

485　漏　lòu　*v.*　leak; divulge, disclose; leave out

雨下得很大，我的房间漏水了。
我不小心说漏了嘴，把他要回国的消息告诉了别人。
这儿漏了一个字，老师让我加上去。

486　漏洞　lòudòng　*n.*　flaw, loophole, bug

发现管理漏洞
这条规定有漏洞，还需要完善。
这个网站的系统存在安全漏洞。

487　逻辑　luó·jí　*n.*　logic

奇怪的逻辑；逻辑成立

这些话不符合逻辑。
这篇文章写得很好，逻辑清楚，用词准确。

488 **落实** luòshí *v.* carry out, fulfill

责任落实；任务落实；能够落实
有些措施落实得不够好。
我们要认真落实各项工作计划。

489 **码头** mǎ·tóu *n.* wharf, dock

码头上停了很多船。
这里每家每户的门口都有一个小码头。

490 **骂** mà *v.* abuse, curse; scold

哥哥从来不骂人。
弟弟把花瓶打破了，妈妈骂了他一顿。

491 **买卖** mǎimai *n.* purchase and sale, business

这笔买卖让他赚了一大笔钱。
这条街上有很多做小买卖的人。

492 **漫长** màncháng *adj.* very long

漫长的历史；漫长的道路
漫长的冬天终于过去了。
在漫长的人生中，他遇到了数不清的困难。

493 **漫画** mànhuà *n.* cartoon

画漫画
哥哥想当漫画家。
这是他创作的第一部漫画。

494 **毛笔** máobǐ *n.* writing brush

毛笔字
我又买了几支毛笔。
他学会了用毛笔写字。

495 **矛盾** máodùn

（1）*n.* contradiction, conflict
遇到矛盾；出现矛盾；主要矛盾
他和女朋友常常闹矛盾。
他们之间有矛盾，一直解决不了。
（2）*adj.* contradictory, conflicting
非常矛盾
你的想法太矛盾了。
读研究生还是找工作，他心里很矛盾。

496 **冒** mào *v.* emit, give off; risk, venture

房子着火了，冒着浓烟。

我可是冒着风险告诉你这个消息的。

497 **贸易** màoyì *n.* trade

扩大贸易范围；贸易中心；出口贸易；贸易公司
我们要进一步发展对外贸易。
美国和中国是重要的贸易伙伴。

498 **煤** méi *n.* coal

用煤；一吨煤
我家以前一直烧煤做饭。
这里生产的煤质量较好。

499 **煤气** méiqì *n.* coal gas, gas

烧煤气
我昨天做完饭忘了关煤气。
家里有股煤气味，快把门和窗户打开。

500 **门诊** ménzhěn *v.* provide outpatient service (in a hospital)

门诊部；看门诊
请问，内科专家门诊在星期几？
这家医院的门诊平均每天接待200多个病人。

◎ 速练 Quick practice

一、先根据词语写拼音，再将词语和正确的英文释义连起来
Write Pinyin according to the words, and then match the words with the correct English definitions.

1. 逻辑 ＿＿＿＿＿＿ A. necktie, tie

2. 领带 ＿＿＿＿＿＿ B. wharf, dock

3. 漏洞 ＿＿＿＿＿＿ C. provide outpatient service (in a hospital)

4. 码头 ＿＿＿＿＿＿ D. coal gas, gas

5. 漫画 ＿＿＿＿＿＿ E. contradiction, conflict; contradictory, conflicting

6. 煤气 ＿＿＿＿＿＿ F. logic

7. 门诊 ＿＿＿＿＿＿ G. flaw, loophole, bug

8. 矛盾 ＿＿＿＿＿＿ H. cartoon

二、选择合适的词语填空 Choose the right words and fill in the blanks.

（一） A. 领带 B. 漏洞 C. 冒 D. 买卖 E. 令

1. 双方都想做成这笔＿＿＿。

2. 厨房里热得我脸上直＿＿＿汗。

105

3. 我的表现____妈妈很失望。

4. 你的电脑系统有____，很容易中病毒。

5. 这件衬衣配一条蓝色的____比较好看。

（二） A. 逻辑　　B. 流动　　C. 贸易　　D. 落实　　E. 漫长

1. 这条路太____了，我已经走不动了。

2. 公司定期检查员工工作计划的____情况。

3. 小河静静地____着。

4. 这段对话完全没有____。

5. 他在一家国际____公司上班。

（三） A. 漫画　　B. 煤　　C. 流通　　D. 毛笔　　E. 码头

1. 我刚跑到____，船就开走了。

2. 张老师教大家写____字。

3. 不能让假币在市场上____。

4. 中国是世界上产____最多的国家之一。

5. 他最近很喜欢看中国____。

（四） A. 煤气　　B. 漏　　C. 骂　　D. 矛盾　　E. 门诊

1. 使用____时要注意安全。

2. 他想在我们之间制造____。

3. 杯子____了，水都流出来了。

4. 张医生今天不在住院部，他在____看病。

5. ____人是不好的行为。

三、选择合适的词语完成句子　Choose the right words to complete the sentences.

1. 20多年来，世界经济形势发生了巨大____。

　　A. 变化　　　　B. 发动　　　　C. 变动　　　　D. 推动

2. 我刚去了一家国际____公司面试。

　　A. 贸易　　　　B. 买卖　　　　C. 生意　　　　D. 容易

3. ____的冬天让他觉得生活很没有意思。

　　A. 延长　　　　B. 漫长　　　　C. 长途　　　　D. 长期

4. 大量人口向经济发达地区____。

　　A. 流传　　　　B. 流通　　　　C. 流行　　　　D. 流动

5. 一场春雨过后，小草从地里____了出来。

　　A. 冒　　　　　B. 漏　　　　　C. 出　　　　　D. 流

第26单元　Unit 26

◎ 目标词语　Target words

501. 迷人	502. 迷信	503. 面貌	504. 面子	505. 秒
506. 敏感	507. 明亮	508. 明明	509. 命令	510. 模范
511. 模仿	512. 模糊	513. 模式	514. 摩擦	515. 摩托
516. 模样	517. 目光	518. 耐心	519. 男性	520. 南北

◎ 速记　Quick memory

501　迷人　mírén　adj.　charming, enchanting

风景迷人
他的微笑很迷人。
雨后的西湖显得更加迷人了。

502　迷信　míxìn

（1）v.　be superstitious; have blind faith
有一些人迷信鬼神（guǐshén, supernatural beings）。
不要迷信别人，要相信自己。
（2）n.　superstition
我们要相信科学，反对迷信。
有病不去治病，而去求神（shén, god, divine being），这是一种迷信。

503　面貌　miànmào　n.　appearance, look, features

真正的面貌；精神面貌
人们决心改变这里的落后面貌。
他以全新（quánxīn, completely new）的面貌出现在了大家面前。

504　面子　miànzi　n.　face, reputation

讲面子；爱面子
你不肯来就是不给我面子。
父母在批评孩子时，要给孩子留点儿面子。

505　秒　miǎo　m.　second (=1/60 of a minute in time)

每一秒的时间都很宝贵。
他跑100米只用了11秒。

506　敏感　mǐngǎn　adj.　sensitive

有的动物对天气变化很敏感。
女性的年龄（niánlíng, age）是一个很敏感的问题。

507　明亮　míngliàng　adj.　bright

阳光明亮；明亮的房间
这是一间明亮的教室。

这个小姑娘有着一双明亮的眼睛。

508 **明明** míngmíng *adv.* obviously, undoubtedly

我明明告诉过你，你怎么说不知道？
这事明明是你干的，你怎么不承认？

509 **命令** mìnglìng

（1）*n.* order, command
接受命令；一道命令
我们已经接到了新的命令。
作为军人，你必须服从命令。
（2）*v.* order, command
他能命令狗做各种动作。
队长命令我们加速前进。

510 **模范** mófàn *n.* (role) model, example

工作模范；当模范
李老师是全国劳动模范。
她被选为我校的学习模范。

511 **模仿** mófǎng *v.* imitate, model on

故意模仿；模仿能力
孩子喜欢模仿大人的行为。
这幅画儿是我模仿别人的作品画的。

512 **模糊** móhu *adj.* blurred, obscure

一片模糊
时间太久了，我的记忆已经模糊了。
这张图片太模糊了，什么都看不清。

513 **模式** móshì *n.* model, mode, pattern

教学模式；商业模式
他有自己的工作模式。
这款手机有多种拍照模式。

514 **摩擦** mócā

（1）*v.* rub
这是轮子在地上摩擦产生的声音。
太冷了，他不停地摩擦双手，想暖和一点儿。
（2）*n.* friction, conflict
发生摩擦；出现摩擦
你不要制造新的摩擦。
我和他在生意上有点儿小摩擦。

515 **摩托** mótuō *n.* motorcycle

她每天骑摩托去学校。
他被一辆摩托车撞倒了。

516　**模样**　múyàng　　n.　appearance

模样可爱；模样特别
妈妈把面包做成了小动物的模样。
这个房间还保持着他离开时的模样。

517　**目光**　mùguāng　　n.　expression in one's eyes

奶奶的目光里充满了爱。
人们的目光都集中在舞台上。

518　**耐心**　nàixīn

（1）*adj.*　patient
耐心工作；耐心等待
妈妈耐心地教我包饺子。
在老师的耐心解释下，我明白了这两个词的区别。
（2）*n.*　patience
有耐心
我已经失去了回答问题的耐心。
对自己的孩子，他表现出了最大的耐心。

519　**男性**　nánxìng　　n.　male, man

男性和女性应该互相尊重。
她有几个关系不错的男性朋友。

520　**南北**　nánběi　　n.　north and south; from north to south

这条高速公路建成以后，南北之间的交通将更加方便。
这个动物园南北长10公里，东西宽4公里，占地面积很大。

◎ 速练　Quick practice

一、先根据词语写拼音，再将词语和正确的英文释义连起来
Write Pinyin according to the words, and then match the words with the correct English definitions.

1. 目光 ＿＿＿＿＿＿＿＿　　A. be superstitious; have blind faith; superstition

2. 明亮 ＿＿＿＿＿＿＿＿　　B. rub; friction, conflict

3. 敏感 ＿＿＿＿＿＿＿＿　　C. order, command

4. 迷信 ＿＿＿＿＿＿＿＿　　D. face, reputation

5. 摩擦 ＿＿＿＿＿＿＿＿　　E. motorcycle

6. 命令 ＿＿＿＿＿＿＿＿　　F. bright

7. 面子 ＿＿＿＿＿＿＿＿　　G. expression in one's eyes

8. 摩托 ＿＿＿＿＿＿＿＿　　H. sensitive

二、选择合适的词语填空　Choose the right words and fill in the blanks.

　　（一）　　A. 迷人　　　B. 敏感　　　C. 模仿　　　D. 模样　　　E. 迷信

　　1. 时间改变了我们的____。

　　2. 他很会____别人的声音。

　　3. 你是一个大学生，怎么能这么____？

　　4. 她的性格太____了。

　　5. 这里青山绿水，景色____。

　　（二）　　A. 明亮　　　B. 模糊　　　C. 目光　　　D. 面貌　　　E. 明明

　　1. 这座城市的____发生了根本性的变化。

　　2. 妈妈的____充满爱意。

　　3. 你____不喜欢吃面包，为什么还买？

　　4. 这封信被打湿了，上面的字已经____了。

　　5. 湖水像一面____的镜子。

　　（三）　　A. 模式　　　B. 耐心　　　C. 命令　　　D. 面子　　　E. 摩擦

　　1. 工作中他尽量不与别人发生____。

　　2. 这是____，你必须服从。

　　3. 我们将采取一种全新的教育____。

　　4. 做事要有____，不能着急。

　　5. 我都是看你的____才帮他的。

　　（四）　　A. 男性　　　B. 秒　　　C. 模范　　　D. 摩托　　　E. 南北

　　1. 哥哥的____车已经买了三年了。

　　2. 这座大桥连接城市____。

　　3. 这家店的____顾客很少。

　　4. 他被评为公司的劳动____。

　　5. 时间很宝贵，一分一____都不能浪费。

三、选择合适的词语完成句子　Choose the right words to complete the sentences.

　　1. 这里不但景色____，而且有丰富的石油资源。

　　　　A. 动人　　　　B. 熟人　　　　C. 迷人　　　　D. 有人

2. 他的善良让大家____到流泪（liúlèi, weep）。

  A. 敏感   B. 感动   C. 感受   D. 感觉

3. 我忘了戴眼镜，看黑板上的字好____啊。

  A. 模仿   B. 模样   C. 模范   D. 模糊

4. 这座博物馆的造型模仿了中国古代建筑的____。

  A. 形式   B. 模式   C. 公式   D. 方式

5. 在谈话中，要做一个有____的听者。

  A. 专心   B. 耐心   C. 热心   D. 决心

第 27 单元　Unit 27

◎ 目标词语　Target words

521. 南极	522. 难得	523. 难以	524. 脑子	525. 内在
526. 能量	527. 年度	528. 年龄	529. 年前	530. 牛
531. 牛仔裤	532. 农产品	533. 女性	534. 暖	535. 偶尔
536. 偶然	537. 偶像	538. 拍摄	539. 排除	540. 旁

◎ 速记　Quick memory

521　**南极**　nánjí　*n.*　the South Pole

南极的表面有厚厚的冰雪。
200 多年前，人类发现了南极。

522　**难得**　nándé　*adj.*　hard to come by, rare, seldom

机会难得；难得的资料
他是一个难得的人才。
你难得出门，我们多逛一会儿吧。

523　**难以**　nányǐ　*v.*　be difficult to (do sth.)

难以忘记；难以控制
这样的结果让人难以相信。
如果这么做，后果难以想象。

524　**脑子**　nǎozi　*n.*　brain, mind, head

有脑子；脑子快
做事情要多动脑子。
学了一天数学，我现在满脑子都是数字。

525　**内在**　nèizài　*adj.*　inherent, intrinsic, inward

内在原因；内在联系
我们不仅要看外在美，还要看内在美。
学生学习的内在动力对他们的学习效果有很重要的影响。

526　**能量**　néngliàng　*n.*　energy, capacity

你可千万别小看他的能量。
人类可以利用太阳的能量发电（fā//diàn, generate electricity）。

527　**年度**　niándù　*n.*　year, annual

年度计划
他正在制订年度工作计划。
"和"字当选为今年的年度汉字。

528 **年龄** niánlíng *n.* age

我们都猜不出他的年龄。
她看起来比实际年龄年轻很多。

529 **年前** niánqián *n.* time before the end of a year

这些工作年前就可以完成。
他年前来过一次，拿了一些礼物。

530 **牛** niú *adj.* awesome

他是个牛人，很有能力。
你能写出这样的文章，真是太牛了！

531 **牛仔裤** niúzǎikù *n.* jeans

您想试一下儿这条牛仔裤吗？
姐姐的衣柜里有很多牛仔裤。

532 **农产品** nóngchǎnpǐn *n.* agricultural products

市场里的农产品十分丰富。
玉米是当地主要的农产品。

533 **女性** nǚxìng *n.* female, woman

劳动女性；女性地位；女性力量
我妈妈是一名职业女性。
这本小说中的女性形象十分丰富。

534 **暖** nuǎn

（1）*adj.* warm
暖气；暖箱
今年冬天是一个暖冬。
虽然天气很冷，但看到妈妈为我准备的饭菜，我的心暖暖的。
（2）*v.* warm (up)
你这么做真是太暖心了！
快用热水袋暖暖手。

535 **偶尔** ǒu'ěr *adv.* once in a while, occasionally

他偶尔会写一封信给我。
我们都在房间里看书，偶尔聊聊天儿。

536 **偶然** ǒurán *adj.* by chance, by accident

特别偶然
一个偶然的机会，我认识了她。
他偶然在路上遇到了多年没见的朋友。

537 **偶像** ǒuxiàng *n.* idol, icon

这位歌手是很多人的偶像。
张明给自己的偶像写了一封信。

538 拍摄　pāishè　v.　take a picture, shoot (a film)

拍摄照片；拍摄山水
这部电影是在北京拍摄的。
他用手机拍摄了一段视频（shìpín，video）。

539 排除　páichú　v.　remove, eliminate, exclude

排除危险；排除怀疑
你要排除干扰，专心学习。
他想把我从集团领导层排除出去。

540 旁　páng

（1）n.　side
路旁；身旁
村旁有一条小河。
咖啡机旁有一个杯子，帮我拿过来吧。
（2）pron.　other, else
他有旁的事，先走了。
这是我的事，与旁人无关。

◎ 速练　Quick practice

一、先根据词语写拼音，再将词语和正确的英文释义连起来
Write Pinyin according to the words, and then match the words with the correct English definitions.

1. 牛 _____　　　　A. female, woman

2. 南极 _____　　　B. once in a while, occasionally

3. 偶像 _____　　　C. inherent, intrinsic, inward

4. 农产品 _____　　D. the South Pole

5. 女性 _____　　　E. awesome

6. 脑子 _____　　　F. agricultural products

7. 偶尔 _____　　　G. idol, icon

8. 内在 _____　　　H. brain, mind, head

二、选择合适的词语填空　Choose the right words and fill in the blanks.

（一）　A. 南极　　B. 能量　　C. 牛仔裤　　D. 偶像　　E. 难得

1. 吃巧克力可以补充____。

2. 他曾是我的____。

3. 这个学习机会太____了！

4. 爸爸去____做过科学考察，收获很大。

5. 这条____的颜色很经典。

（二） A. 年度　　B. 农产品　　C. 偶然　　D. 难以　　E. 年龄

1. 这个发现真是太____了。

2. 这份工作对____有要求。

3. 眼前的美景____用语言描述。

4. 要想办法提高____的质量。

5. 这是公司的____收入报告。

（三） A. 女性　　B. 拍摄　　C. 脑子　　D. 年前　　E. 暖

1. ____我要去上海出差，大概三天能回来。

2. 妈妈担心孩子穿得不够____。

3. 她一直都是成功____。

4. 很多演员都参加了这次____。

5. 他____里只有钱。

（四） A. 排除　　B. 内在　　C. 牛　　D. 偶尔　　E. 旁

1. 孩子们____会去河边玩儿。

2. 路____有一棵大树。

3. 他是我们班最____的学生。

4. 我们现在不____这样的可能。

5. 让我们喜欢上一个人的真正原因是他的____美。

三、选择合适的词语完成句子　Choose the right words to complete the sentences.

1. 公司要努力提高新产品的科技____。

　　A. 含量　　　B. 力量　　　C. 能量　　　D. 重量

2. 眼前的景色美得____用文字描述。

　　A. 难道　　　B. 难得　　　C. 难以　　　D. 难免

3. 他在连续两年的____考核中被评为优秀。

　　A. 年前　　　B. 年度　　　C. 年底　　　D. 年初

4. 小明意外地____到了一起交通事故。

 A. 拍照   B. 照相   C. 录音   D. 拍摄

5. 医生应尽力为病人____痛苦。

 A. 拆除   B. 排除   C. 解除   D. 除非

第28单元　Unit 28

◎ 目标词语　Target words

541. 陪	542. 赔	543. 赔偿	544. 配备	545. 配套
546. 喷	547. 盆	548. 披	549. 皮肤	550. 皮鞋
551. 脾气	552. 匹	553. 骗	554. 骗子	555. 拼
556. 频道	557. 频繁	558. 品（v.）	559. 品（suf.）	560. 品种

◎ 速记　Quick memory

541　陪　péi　v.　accompany, keep (sb.) company

他每天都陪父母散步。
这个书包已经陪了我很多年了。

542　赔　péi　v.　compensate, pay for; apologize; stand a loss

赔得起；赔不起
我弄坏了你的手机，我会赔你一个新的。
我之前说错了话，在这儿向您赔个礼。
这次生意失败，让他赔光了钱。

543　赔偿　péicháng　v.　compensate

主动赔偿；必须赔偿
司机赔偿了一笔医疗费给他。
保险公司赔偿了我的损失（sǔnshī, loss）。

544　配备　pèibèi　v.　allocate, provide, equip

公司为工作人员都配备了一台电脑。
每个学生都配备了一位论文指导老师。

545　配套　pèi//tào　supporting, matching

配套产品；配套工程
这里的配套设施必须改进。
她拿出了一条和这件白上衣配套的裙子。

546　喷　pēn　v.　spurt, sprinkle, spray

喷湿了；喷一下儿
他笑得把饭都喷出来了。
喷泉（pēnquán, fountain）坏了，不喷水了。

547　盆　pén　n.　basin, pot

花盆；脸盆
盆里放着几件脏衣服。
这个洗手盆的造型很特别。

548 披　pī　*v.*　drape over one's shoulders, wrap around

他披着一件黑色的大衣。
妈妈给小明披上了一件外套。

549 皮肤　pífū　*n.*　skin

她的皮肤被太阳晒伤了。
夏天到了，一定要保护好皮肤。

550 皮鞋　píxié　*n.*　leather shoes

一双皮鞋
这双皮鞋有点儿小。
他今天穿了一双黑色的皮鞋。

551 脾气　píqi　*n.*　temper

有脾气；脾气好
老师从不对我们发脾气。
妈妈想让他改掉坏脾气。

552 匹　pǐ　*m.*　a measure word for horses, cloth, etc.

他画了八匹马。
妈妈在商店买了一匹布。

553 骗　piàn　*v.*　cheat, deceive, fool

骗人
你可骗不了我。
他靠卖假货骗了一大笔钱。

554 骗子　piànzi　*n.*　fraud, swindler

我认出了那个骗子。
骗子又想骗钱，可是这次没成功。

555 拼　pīn　*v.*　put together, piece together

这幅图他就快拼好了。
他把这些石头拼成了自己的名字。

556 频道　píndào　*n.*　channel

音乐频道；新闻频道
你想看哪个频道的节目？
哥哥正在收听英语频道。

557 频繁　pínfán　*adj.*　frequently, often

活动频繁
你买衣服买得太频繁了。
他今天频繁去外面打电话。

558 品　pǐn　*v.*　taste sth. with discrimination, sample

品咖啡；品味道

中国人喜欢品茶。
她知道怎么品红酒。

559 **品**　　pǐn　　*suf.*　　article, product

我们公司专门生产中国传统工艺品。
我给妈妈买了几种保养品，记得提醒她吃。

560 **品种**　　pǐnzhǒng　　*n.*　　variety, type

品种减少；品种单一
这些马都是优良品种。
这些品种的植物都适合在家里养。

◎ 速练　Quick practice

一、先根据词语写拼音，再将词语和正确的英文释义连起来
Write Pinyin according to the words, and then match the words with the correct English definitions.

1. 拼 _____　　A. *a measure word for horses, cloth, etc.*

2. 品 _____　　B. skin

3. 盆 _____　　C. frequently, often

4. 骗子 _____　　D. temper

5. 皮肤 _____　　E. put together, piece together

6. 匹 _____　　F. taste sth. with discrimination, sample; article, product

7. 脾气 _____　　G. basin, pot

8. 频繁 _____　　H. fraud, swindler

二、选择合适的词语填空　Choose the right words and fill in the blanks.

（一）　　A. 陪　　B. 盆　　C. 骗　　D. 品　　E. 赔

1. 爸爸给这棵月季花换了一个花____。

2. 爸爸正在认真地____酒。

3. 我可____不起这么贵的东西。

4. 你怎么总是____我？

5. 我还是留下来____你吧。

（二）　　A. 披　　B. 骗子　　C. 赔偿　　D. 皮肤　　E. 拼

1. 你损坏（sǔnhuài, damage）了什么都要按价____。

2. 他是一只____着羊皮的狼（láng, wolf）。

3. 他的____又过敏了。

4. 他们把两张桌子____在了一起。

5. 听说他是一个大____，骗了不少人的钱。

（三） A. 品种　　B. 配备　　C. 皮鞋　　D. 频道　　E. 配套

1. 她把电视调到了电影____。

2. 苹果的____有很多，不同的____味道上有一些差别。

3. 很多教材都有____的光盘。

4. 王明喜欢穿球鞋，很少穿____。

5. 公司给张经理____了一辆汽车。

（四） A. 脾气　　B. 频繁　　C. 喷　　D. 匹　　E. 品

1. 危险____一律不许带上公共交通工具。

2. 这____马跑得很快。

3. 给花的叶子上也____一些水。

4. 这条路____发生交通事故。

5. 她总是乱发____。

三、选择合适的词语完成句子　Choose the right words to complete the sentences.

1. 发生事故以后，保险公司会按照合同上的规定进行____。

　　A. 陪　　　　B. 赔　　　　C. 赔偿　　　　D. 补偿

2. 你这么做一点儿都不照顾朋友的____。

　　A. 面子　　　B. 牌子　　　C. 骗子　　　　D. 骗

3. 不同____的玉米吃起来味道不一样。

　　A. 品质　　　B. 品种　　　C. 种　　　　　D. 多种

4. 这座新的教学楼里____了最先进的教学设备。

　　A. 配套　　　B. 配合　　　C. 配备　　　　D. 具备

5. 虎年春节晚会的____都很精彩。

　　A. 拍摄　　　B. 频道　　　C. 专题　　　　D. 节目

第 29 单元　Unit 29

◎ 目标词语　Target words

561. 平坦	562. 平原	563. 评估	564. 评论	565. 凭
566. 泼	567. 葡萄	568. 葡萄酒	569. 期望	570. 齐全
571. 其	572. 启动	573. 启发	574. 启事	575. 起到
576. 起码	577. 气体	578. 气象	579. 签	580. 签订

◎ 速记　Quick memory

561　平坦　píngtǎn　*adj.*　(of land, etc.) even, smooth, flat

这里有一片平坦的草地，孩子们可以在这儿玩儿。
在科学研究上没有平坦的大路，只有不怕困难的人才能到达终点。

562　平原　píngyuán　*n.*　plain, flat land

大平原；绿色的平原
列车将要穿过华北平原。
这个国家山地多，平原少。

563　评估　pínggū

（1）*v.*　evaluate, assess
我们要对学习效果进行评估。
我们要正确评估自己的能力。
（2）*n.*　evaluation, assessment
银行正在进行贷款的风险评估。
网络课程的评估标准和传统课程不同。

564　评论　pínglùn

（1）*v.*　comment
他常常评论文学作品。
请你评论一下儿这件事。
（2）*n.*　commentary, review
一篇评论；文学评论
这篇评论文章是他写的。
他在报纸上发表了一篇电影评论。

565　凭　píng

（1）*v.*　rely on, depend on
凭本事；凭技术
他能成功完全是凭自己的努力。
这件事能不能办成，全凭你的能力了。
（2）*prep.*　with, by means of, according to
请大家凭票入场。

写新闻要根据事实，不能凭想象。

566 泼　pō　v.　sprinkle, splash, spill

弟弟泼了我一身水。
你把我的衣服都泼湿了。

567 葡萄　pútao　n.　grape

酸葡萄
这串葡萄又大又甜！
葡萄架上的葡萄已经熟了。

568 葡萄酒　pútaojiǔ　n.　(grape) wine

我给爸爸买了一瓶葡萄酒。
他给每个人都倒了一杯葡萄酒。

569 期望　qīwàng　v.　hope, expect

他期望得到父母的肯定。
姐姐期望能去中国留学。
大家对他有很高的期望。

570 齐全　qíquán　adj.　complete, all in readiness

这家商店的商品种类很齐全。
学校有一个设备齐全的实验室。

571 其　qí　pron.　his, her, its, their; he, she, it, they

李明是一位著名的教育家，其代表作是《新教育大纲》。
公司要在生产方面投入更多资金，以促进其发展。

572 启动　qǐdòng　v.　(of a machine) start; launch, begin implementation

重新启动机器；启动计划
电脑没反应的话，你重新启动一下儿试试。
学校正式启动了新的教学方案。

573 启发　qǐfā

（1）v.　inspire, enlighten
启发孩子；互相启发
李老师总是耐心地启发学生。
他的话启发了我，我知道怎么写了。
（2）n.　inspiration
深受启发；得到启发
这件事对我很有启发。
他的话使我受到很大启发。

574 启事　qǐshì　n.　notice, announcement

我在报纸上看到了一个寻人启事。
墙上贴着一张"共庆新春"的活动启事。

575 起到　qǐdào　play (a certain role), have (a certain effect)

起到……作用
老师的话起到了关键作用。
这种措施对保护环境起到了重要作用。

576 起码　qǐmǎ　*adj.*　at least

昨天的会议起码来了50人。
作为一名学生,起码要按时上课。

577 气体　qìtǐ　*n.*　gas

这种气体的味道很难闻。
人们正在分析研究这种气体。

578 气象　qìxiàng　*n.*　meteorological phenomenon

气象知识；气象资料；气象专业
我们要收集更多的气象数据。
这种飞机在任何气象条件下都可以安全地飞行。

579 签　qiān　*v.*　sign, write one's signature

张经理每天要签很多份文件。
您把名字签在日期上面就可以。

580 签订　qiāndìng　*v.*　conclude and sign

双方签订了新的协议。
我们已经正式签订了销售合同。

◎ 速练　Quick practice

一、先根据词语写拼音,再将词语和正确的英文释义连起来
Write Pinyin according to the words, and then match the words with the correct English definitions.

1. 评估 _____　　A. conclude and sign
2. 签订 _____　　B. at least
3. 气象 _____　　C. evaluate, assess; evaluation, assessment
4. 起码 _____　　D. (of a machine) start; launch, begin implementation
5. 启动 _____　　E. complete, all in readiness
6. 平坦 _____　　F. hope, expect
7. 期望 _____　　G. (of land, etc.) even, smooth, flat
8. 齐全 _____　　H. meteorological phenomenon

二、选择合适的词语填空　Choose the right words and fill in the blanks.

（一）　　A.平坦　　　B.泼　　　C.其　　　D.起码　　　E.平原

1. 每一种文化都有____自身的特点。

2. 太阳升起在这片____上。

3. 不知道什么人从楼上____了一盆水下来。

4. 去往村里的路并不____。

5. 哥哥很能吃，每顿____要吃三碗饭。

（二）　　A.葡萄　　　B.启动　　　C.气体　　　D.评估　　　E.葡萄酒

1. 这种____没有味道，但是对人体有影响。

2. 妈妈每天晚上睡觉前都要喝点儿____。

3. 我们决定____这项实验。

4. 要准确____这件事对公司的影响。

5. 妈妈今天买的____都被我们吃完了。

（三）　　A.签　　　B.气象　　　C.评论　　　D.期望　　　E.启事

1. 人们____生活越来越好。

2. 请您在这儿____上名字。

3. 他的专业是____学。

4. 学校发布了一份新的招生（zhāo//shēng, recruit students）____。

5. 很多人都____了这件事。

（四）　　A.启发　　　B.凭　　　C.齐全　　　D.起到　　　E.签订

1. 他的经验对这次工作____了指导作用。

2. 公司和银行____了贷款合同。

3. 他____自己的工资养活了一家人。

4. 这件事对我很有____。

5. 首先要检查资料是否____。

三、选择合适的词语完成句子　Choose the right words to complete the sentences.

1. 请你保持____呼吸。

　　A.平稳　　　　B.平静　　　　C.平坦　　　　D.平原

2. 医生____了爷爷的身体健康状况,说他可以做手术。
   A. 评价　　　　B. 评论　　　　C. 评估　　　　D. 批评
3. "健康跑"活动将在下周____。
   A. 启发　　　　B. 启事　　　　C. 发动　　　　D. 启动
4. 如果你帮不了他,就不要给他____。
   A. 希望　　　　B. 愿望　　　　C. 渴望　　　　D. 期望
5. 我们已经将旅行的东西准备____了。
   A. 健全　　　　B. 齐全　　　　C. 全面　　　　D. 完整

第 30 单元　Unit 30

◎ **目标词语　Target words**

581. 签名	582. 签约	583. 签证	584. 签字	585. 前景
586. 前提	587. 欠	588. 枪	589. 强度	590. 墙壁
591. 抢	592. 抢救	593. 强迫	594. 悄悄	595. 敲
596. 敲门	597. 瞧	598. 琴	599. 勤奋	600. 青

◎ **速记　Quick memory**

581　签名　qiān//míng　sign one's name

很多明星都在这儿签名了。
签过名的同学可以离开了。

582　签约　qiān//yuē　sign a contract

他已经成了我们公司的一名签约歌手。
我没和他们签过约，我们之间没有合作关系。

583　签证　qiānzhèng

（1）v.　get a visa
昨天我去大使馆签证了。
（2）n.　visa
我的旅游签证下个月能办好。
大使馆当天就给我们发了签证。

584　签字　qiān//zì　sign

张经理拒绝在合同上签字。
双方都在合同上签了字。

585　前景　qiánjǐng　n.　prospect, future

世界对中国的经济前景表示乐观。
大家对公司的发展前景很有信心。

586　前提　qiántí　n.　premise, precondition

互相信任是合作的前提。
公司同意我休假，前提是我得把这些工作做完。

587　欠　qiàn　v.　owe; lack

欠钱；欠考虑
他欠了我们家很大一笔钱。
这件事你做得有点儿欠考虑。

588 枪　qiāng　n.　gun, firearm

桌子上放着一把枪。
警察开枪打死了那个人。

589 强度　qiángdù　n.　intensity, strength

这家工厂的劳动强度很大。
她受不了现在的工作强度，决定辞职。

590 墙壁　qiángbì　n.　wall

他家的墙壁上挂满了画儿。
妈妈要我把家里的墙壁都刷一遍。

591 抢　qiǎng　v.　rob, grab; vie for; rush

那个人抢走了我的钱包。
大家抢着把这个好消息告诉老师。
我们只用了三天时间就把这些活儿抢完了。

592 抢救　qiǎngjiù　v.　rescue, save

抢救病人；抢救及时；顺利抢救
医生成功地抢救了他的生命。
保险公司承担了全部的抢救费用。

593 强迫　qiǎngpò　v.　compel, force

你不能强迫别人接受你的意见。
没有人可以强迫我做我不愿意的事。

594 悄悄　qiāoqiāo　adv.　quietly, stealthily

妈妈悄悄地关上了门。
他悄悄地离开了，没有告诉任何人。

595 敲　qiāo　v.　knock, beat, strike

他轻轻地敲了一下儿桌子。
老师敲了敲黑板，让我们认真听课。

596 敲门　qiāo mén　knock at a door

谁在敲门？
他学得太认真了，没有听到外面的敲门声。

597 瞧　qiáo　v.　look, see

你瞧，苹果树开花了。
我瞧了半天也不知道这是什么。

598 琴　qín　n.　generic name for certain types of musical instruments, usually plucked

他每天都要练一个小时琴。
这把琴是妈妈给我的礼物。

599 **勤奋** qínfèn *adj.* diligent, industrious, hard-working

特别勤奋；相当勤奋；勤奋学习；勤奋得很；工作勤奋
哥哥工作很勤奋。
他的成功离不开勤奋和努力。

600 **青** qīng *adj.* bluish-green

河边有一片青草地。
他跟同学打架了，脸上青了一块儿。

◎ **速练 Quick practice**

一、先根据词语写拼音，再将词语和正确的英文释义连起来
Write Pinyin according to the words, and then match the words with the correct English definitions.

1. 瞧 _____   A. intensity, strength
2. 欠 _____   B. generic name for certain types of musical instruments, usually plucked
3. 敲门 _____   C. wall
4. 前提 _____   D. rescue, save
5. 抢救 _____   E. owe; lack
6. 琴 _____   F. look, see
7. 强度 _____   G. knock at a door
8. 墙壁 _____   H. premise, precondition

二、选择合适的词语填空 Choose the right words and fill in the blanks.

（一） A. 签名   B. 前提   C. 抢   D. 敲门   E. 枪

1. 学校举办的所有活动都是以"平等"为基本____的。
2. 有人____，可能是快递到了。
3. 哥哥对____很感兴趣。
4. 哥哥____走了我的早饭。
5. 一共有300多人参加了网上____活动。

（二） A. 欠   B. 抢救   C. 瞧   D. 签证   E. 签约

1. 妈妈____着我的脸，说我瘦了。
2. 我还不想和这家公司____。
3. 我还____你一顿饭呢。

4. 这个病人终于____过来了。

5. 她已经办好了留学____。

（三）　A. 强迫　　B. 琴　　C. 签字　　D. 强度　　E. 悄悄

1. 最近的工作____比以前大了不少。

2. 他____地走进了教室。

3. 妹妹很喜欢弹____。

4. 这份合同需要双方____。

5. 老板从没有____我们加过班。

（四）　A. 勤奋　　B. 前景　　C. 墙壁　　D. 敲　　E. 青

1. 哥哥气得____了好几下桌子。

2. 他是一个____的人。

3. 这里____山绿水的，环境很好，很适合休假。

4. 这个行业的发展____很好。

5. 我们想把____刷成绿色。

三、选择合适的词语完成句子　Choose the right words to complete the sentences.

1. 这名演员已经和电影制作公司____了。

　A. 签名　　　B. 签约　　　C. 签字　　　D. 签证

2. 他们同意合作，____是我们降低一些价格。

　A. 前头　　　B. 前面　　　C. 前景　　　D. 前提

3. 孩子已经很累了，不要再____孩子练琴了。

　A. 强调　　　B. 强度　　　C. 被迫　　　D. 强迫

4. 在大家的共同____下，这项工作终于完成了。

　A. 努力　　　B. 勤奋　　　C. 兴奋　　　D. 动力

5. 你是一个很有____的年轻人，一定会发展得很好。

　A. 前景　　　B. 前途　　　C. 前头　　　D. 情景

第 31 单元　Unit 31

◎ 目标词语　Target words

601. 清晨	602. 清理	603. 情节	604. 情形	605. 晴朗
606. 区域	607. 全都	608. 全世界	609. 泉	610. 劝
611. 缺乏	612. 确立	613. 群体	614. 群众	615. 染
616. 绕	617. 热量	618. 热门	619. 人间	620. 人力

◎ 速记　Quick memory

601 清晨　qīngchén　*n.*　early morning

她呼吸了一口清晨的空气。
他们每天清晨都会一起跑步。

602 清理　qīnglǐ　*v.*　clean up, put in order, sort out

清理房间；清理文件；清理一遍；彻底清理
他正在认真地清理房间。
他会定期清理电脑里的文件。

603 情节　qíngjié　*n.*　(of a story, etc.) plot, storyline

情节复杂；紧张的情节；故事情节
这部电影的情节很吸引人。
他简单地介绍了小说的情节。

604 情形　qíngxing　*n.*　situation, condition

我还记得读大学时的情形。
妈妈经常向老师了解我在学校的情形。

605 晴朗　qínglǎng　*adj.*　fine, cloudless, sunny

晴朗的天空；特别晴朗；十分晴朗
他喜欢在晴朗的夏日和朋友一起游泳。
如果天气晴朗，我们可以看到城外的雪山（xuěshān，snow-capped mountain）。

606 区域　qūyù　*n.*　area, district

区域合作；划分区域；扩大区域
我们要加强区域合作。
这种动物的分布区域很广。

607 全都　quándōu　*adv.*　all, completely

你说的我全都懂。
妈妈让我把这些菜全都吃完。

608 **全世界** quán shìjiè the whole world, all over the world

这次活动吸引了全世界的目光。
希望全世界的孩子都有幸福的童年。

609 **泉** quán n. spring (hydrology)

清泉；山泉
妈妈用泉水泡茶。
济南（Jǐnán）也被称为"泉城"。

610 **劝** quàn v. advise, urge, try to persuade

他劝我减少投资。
老师劝了他很多次，可他就是不听。

611 **缺乏** quēfá v. be short of, lack

缺乏设备；缺乏材料
她对学生缺乏了解。
由于缺乏经验，他被那个人骗了。

612 **确立** quèlì v. establish, set up

确立制度；确立理想
你要确立正确的人生观念。
开学以前，他确立了自己的学习目标。

613 **群体** qúntǐ n. group

这个建筑群体是他们公司设计的。
这个特殊的群体受到了大家的关注。

614 **群众** qúnzhòng n. the masses, the people

他为群众办了很多好事。
会议室里坐着十几位来自全国各地的群众代表。

615 **染** rǎn v. dye; catch (a disease); acquire (a bad habit, etc.)

阳光把河水染成了金色。
他染上了感冒，这几天来不了了。
他染上了抽烟的毛病。

616 **绕** rào v. move around, circle

地球绕着太阳转。
飞机在空中绕了几圈。

617 **热量** rèliàng n. quantity of heat, heat

医生让我少吃高热量食物。
吃这些食物能产生很多热量。

618 **热门** rèmén n. sth. popular, sth. in great demand

热门学科；热门话题；热门工作
这是目前的热门学科。

他们正在讨论这几天的一个热门话题。

619 **人间** rénjiān n. the (human) world

虽然她走了，但她的精神将永远留在人间。
学校举行了"让人间充满爱"活动，来帮助家庭困难的学生。

620 **人力** rénlì n. manpower, labor power

投入人力；浪费人力；缺乏人力；充足的人力
用机器人上菜可以节省人力。
这项工作需要投入大量的人力。

◎ 速练 Quick practice

一、先根据词语写拼音，再将词语和正确的英文释义连起来
Write Pinyin according to the words, and then match the words with the correct English definitions.

1. 清晨 _____   A. be short of, lack
2. 清理 _____   B. early morning
3. 区域 _____   C. manpower, labor power
4. 缺乏 _____   D. advise, urge, try to persuade
5. 泉 _____   E. fine, cloudless, sunny
6. 人力 _____   F. clean up, put in order, sort out
7. 劝 _____   G. area, district
8. 晴朗 _____   H. spring (*hydrology*)

二、选择合适的词语填空 Choose the right words and fill in the blanks.

（一） A. 清晨   B. 区域   C. 缺乏   D. 绕   E. 清理

1. 作家如果对现实生活____研究和观察，就写不出好的作品。
2. 前方发生了事故，车辆请____行。
3. 妈妈让我帮她____厨房里的垃圾。
4. 那天____，大海非常宁静。
5. 医院的每个____都有专门的人负责。

（二） A. 全都   B. 确立   C. 热量   D. 情节   E. 全世界

1. 巧克力能提供不少____。
2. 这里是____最安全的地方。

3. 这些书____是他写的。

4. 他们曾____过合作关系。

5. 这本小说的故事____十分精彩。

（三）　　A. 群体　　B. 热门　　C. 情形　　D. 泉　　E. 群众

1. 人民____的利益高于一切。

2. 当时的____我已经记不清了。

3. 在网上直播卖东西成了一种____工作。

4. 我们公司的产品在大学生____中的影响力比较大。

5. 这些鱼都是用山____水养大的。

（四）　　A. 人间　　B. 晴朗　　C. 劝　　D. 染　　E. 人力

1. 他____老板缩小生产规模。

2. 因为____有限，我们无法完成这个任务。

3. 妹妹把头发____成了红色。

4. 今天天气____，天上一点儿云都没有。

5. 我觉得这里是____最快乐的地方。

三、选择合适的词语完成句子　Choose the right words to complete the sentences.

1. 餐馆必须____食品安全。

　　A. 确保　　　　B. 确认　　　　C. 确定　　　　D. 确立

2. 大家真的了解志愿者这个____吗？

　　A. 人群　　　　B. 群众　　　　C. 群体　　　　D. 集体

3. 电影里的这段____很有趣。

　　A. 景象　　　　B. 情节　　　　C. 情形　　　　D. 情况

4. 漫画师正成为人才市场上的____职业。

　　A. 热门　　　　B. 热情　　　　C. 热烈　　　　D. 热闹

5. 她决定依靠自己的____把这件事做完。

　　A. 含量　　　　B. 热量　　　　C. 能量　　　　D. 力量

第32单元　Unit 32

◎ 目标词语　Target words

621. 人士	622. 人物	623. 忍	624. 忍不住	625. 忍受
626. 认	627. 认定	628. 扔	629. 仍旧	630. 如此
631. 如同	632. 如下	633. 入门	634. 软	635. 软件
636. 洒	637. 散	638. 散文	639. 杀	640. 杀毒

◎ 速记　Quick memory

621　**人士**　rénshì　*n.*　personage, public figure

爱国人士；相关人士
我采访过很多成功人士。
我们需要专业人士的帮助。

622　**人物**　rénwù　*n.*　figure, person; character (in a literary work, etc.); important person

关键人物；小说人物
王安石是中国古代文学家的代表人物。
这个故事里的人物都是作者想象出来的。
别看他年龄不大，但在村里也是个人物。

623　**忍**　rěn　*v.*　bear, endure, tolerate

我太生气了，忍不下去了。
你再忍一下儿，很快就到医院了。

624　**忍不住**　rěn bu zhù　cannot help (doing sth.), cannot bear

听到这个消息，她忍不住哭了起来。
看到他的样子，大家再也忍不住了，都大笑起来。

625　**忍受**　rěnshòu　*v.*　bear, endure, put up with

忍受打击；不能忍受
小明的脾气让人无法忍受。
他一直在忍受头疼的痛苦。

626　**认**　rèn　*v.*　recognize, know; acknowledge

孩子今天又认了几个汉字。
这是目前国际公认的生产标准。

627　**认定**　rèndìng　*v.*　firmly believe; affirm, confirm

只要是他认定的事，他就会坚持到底。
警察认定，在这起事故中双方都要负责任。

628 扔　　rēng　　v.　　throw; throw away

请你把球扔过来。
禁止乱扔垃圾！

629 仍旧　　réngjiù　　adv.　　still

上次发现的问题仍旧存在。
别看他七十多岁了，身体仍旧那么好。

630 如此　　rúcǐ　　pron.　　so, such, like this

如此热情；如此勇敢
我们的看法竟然如此相同。
他一起床就去跑步，天天如此。

631 如同　　rútóng　　v.　　be/look like

他把院子布置得如同花园。
张老师如同妈妈一样爱护我们。

632 如下　　rúxià　　v.　　be as follows

情况如下；原因如下；要求如下
这道菜的做法如下。
我们收到了一份通知，具体内容如下。

633 入门　　rù//mén　　learn the rudiments of a subject, get started in a certain area

我们要想办法降低入门的难度。
他是刚入门的新员工，问的问题都很简单。

634 软　　ruǎn　　adj.　　soft; mild, gentle; easily moved or influenced; weak, shaky

姐姐的头发又细又软。
他对我说了些软话，我就原谅他了。
他的心很软。
山才爬了一半，我的腿已经软了。

635 软件　　ruǎnjiàn　　n.　　software

计算机软件
他给新电脑安装了很多软件。
我们公司正在开发中文学习软件。

636 洒　　sǎ　　v.　　sprinkle, spray

洒水；洒洒了
金色的阳光洒在大地上。
她不小心把汤洒在了衣服上。

637 散　　sǎn　　v.　　be loose; become separate

你的头发散了。
大家别走散了，跟着导游一起走。

638 **散文**　sǎnwén　*n.*　prose

他在报纸上发表了一篇散文。
他经常写散文，偶尔也写诗。

639 **杀**　shā　*v.*　kill, slaughter

我不敢杀鱼。
有的国家会用电杀猪。

640 **杀毒**　shā//dú　kill viruses

应该定期给电脑杀毒。
这种杀毒气体不能用在日常生活中。

◎ 速练　Quick practice

一、先根据词语写拼音，再将词语和正确的英文释义连起来
Write Pinyin according to the words, and then match the words with the correct English definitions.

1. 如同 _____　　A. personage, public figure
2. 洒 _____　　　B. software
3. 扔 _____　　　C. prose
4. 人士 _____　　D. be/look like
5. 入门 _____　　E. kill viruses
6. 散文 _____　　F. sprinkle, spray
7. 杀毒 _____　　G. throw; throw away
8. 软件 _____　　H. learn the rudiments of a subject, get started in a certain area

二、选择合适的词语填空　Choose the right words and fill in the blanks.

（一）　A. 人士　　B. 认　　C. 洒　　D. 忍　　E. 如同

1. 孩子们的小脸____花朵一样可爱。
2. 他们都是爱国____。
3. 妈妈一直____着病痛，坚持工作。
4. 我不小心把汤____了。
5. 他总是不____路。

（二）　A. 认定　　B. 如下　　C. 散　　D. 人物　　E. 扔

1. 这束花____开了，再重新包装一下儿吧。

2. 妈妈不让我____这些旧衣服。

3. 人们早就____她能得冠军。

4. 口语比赛开始报名啦，具体要求____。

5. 他可是一位重要____。

（三） A.入门　　B.散文　　C.仍旧　　D.忍不住　　E.软

1. 她的脸色____不太好。

2. 一说到这件事，她的眼泪就____了。

3. 妈妈做的面包很____。

4. 这篇____写得很好。

5. 我学中文才刚刚____。

（四） A.杀　　B.忍受　　C.如此　　D.软件　　E.杀毒

1. 我爸爸是一个____工程师。

2. 妈妈让我把那只鸡____了。

3. 这台电脑需要____。

4. 想不到他会____生气。

5. 你是怎么____这样的天气的？

三、选择合适的词语完成句子　Choose the right words to complete the sentences.

1. 即使是计算机专业____使用这些软件也要经过培训。

　　A.人士　　　B.人物　　　C.人力　　　D.人类

2. 这一点得到了大多数人的____。

　　A.认为　　　B.认定　　　C.认可　　　D.认得

3. 湖面上的冰太薄了，____不了这么多人的重量。

　　A.接受　　　B.感受　　　C.忍受　　　D.承受

4. 要想办法使顾客____产品的特点。

　　A.抓住　　　B.记住　　　C.忍不住　　　D.站住

5. 我的童年____一场梦，非常美好，非常有趣。

　　A.如何　　　B.如此　　　C.如同　　　D.如下

第33单元　Unit 33

◎ 目标词语　Target words

641. 沙漠	642. 傻	643. 山区	644. 扇（shān, v.）	645. 扇（shàn, m./n.）
646. 扇子	647. 商标	648. 上级	649. 上下	650. 上涨
651. 稍	652. 稍微	653. 蛇	654. 舍不得	655. 舍得
656. 设想	657. 社	658. 社区	659. 射	660. 射击

◎ 速记　Quick memory

641　**沙漠**　shāmò　*n.*　desert

一片<u>沙漠</u>
这条公路被<u>沙漠</u>盖住了。
中国西北地区有很多<u>沙漠</u>。

642　**傻**　shǎ　*adj.*　dumbfounded; think or act mechanically

她被突然发生的事故吓<u>傻</u>了。
工作时不能<u>傻</u>干，要讲究方法。

643　**山区**　shānqū　*n.*　mountainous area

<u>山区</u>的气温比市区低得多。
他打算毕业后到<u>山区</u>当老师。

644　**扇**　shān　*v.*　fan; hit with the palm of a hand, slap

瞧你出了一头的汗，我来帮你<u>扇扇</u>。
我真想<u>扇</u>他脸一下儿。

645　**扇**　shàn

（1）*m.*　a measure word for doors, windows, etc.
音乐给他们打开了一<u>扇</u>认识世界的门。
这个房间只有一<u>扇</u>小窗户，光线不好。
（1）*n.*　fan
他用毛笔在纸<u>扇</u>上画画儿。
我们公司主要生产空调<u>扇</u>，也生产电风扇。

646　**扇子**　shànzi　*n.*　(non-electric) fan

一把<u>扇子</u>
我弄坏了妹妹的<u>扇子</u>。
过去夏天都用<u>扇子</u>，现在改用电扇和空调了。

647　**商标**　shāngbiāo　*n.*　trademark

<u>商标</u>代表着企业和产品的形象。

爸爸让我给他的公司设计一个商标。

648 上级　　shàngjí　　n.　　superior, higher authorities

上级领导；上级组织；支持上级；上级的安排
军人要服从上级的命令。
上级已经批准了我们的工作方案。

649 上下　　shàngxià　　n.　　from top to bottom; the high and low, the old and young; relative superiority or inferiority; about; distance from top to bottom

我上下打量（dǎliang, measure with the eye）着这位客人。
只要公司上下一起努力，就一定能按时完成任务。
他俩的中文水平不分上下。
那个人30岁上下，穿着一身黑衣服。
这座楼上下有700米。

650 上涨　　shàngzhǎng　　v.　　rise, go up

河水上涨；上涨很多；上涨了两次；上涨的速度
最近水果的价格上涨得很厉害。
海水不断上涨，海边的人都回来了。

651 稍　　shāo　　adv.　　a little, a bit, slightly

我比妹妹稍高一点儿。
你来得稍早了点儿，银行还没开门。

652 稍微　　shāowēi　　adv.　　a little, a bit, slightly

这个房间的光线稍微有点儿暗。
你只要稍微想一想就能明白这句话的意思。

653 蛇　　shé　　n.　　snake

一条蛇
她属蛇，今年34岁。
我很怕蛇，一看到蛇，腿就软了。

654 舍不得　　shěbude　　v.　　hate to part with, begrudge

妈妈舍不得我离开家。
他舍不得把这本书借给朋友。

655 舍得　　shěde　　v.　　be willing to part with, not begrudge

为了孩子，她什么都舍得。
你怎么舍得买这么贵的衣服？

656 设想　　shèxiǎng

（1） v.　　imagine, assume
老师让我们设想20年后的生活。
新家怎么布置，你先设想一下儿。

（2）*n.* imagination, assumption
这个天真的设想让大家笑了起来。
他有许多美好的设想，但都很难实现。

657 社　shè　*n.* society, association, agency

旅行社；诗社；文学社
这次的旅游路线是由旅行社安排的。
我今天晚上参加舞蹈（wǔdǎo, dance）社的活动，不和你们一起吃饭了。

658 社区　shèqū　*n.* community

请居民们自觉维护社区环境。
这个社区里都是一些老建筑。

659 射　shè　*v.* shoot, fire; discharge in a jet; emit (light, heat, etc.)

他射中了两个敌人。
别担心，他们的水枪射不到这儿。
阳光从墙上的洞里射了进来。

660 射击　shèjī

（1）*v.* shoot, fire
他向敌人不停地射击。
他一拔出枪就开始射击。
（2）*n.* shooting
射击比赛；射击技术
王明总是抓紧一切时间练习射击技术。
在世界射击比赛上，中国又获得了冠军。

◎ 速练　Quick practice

一、先根据词语写拼音，再将词语和正确的英文释义连起来
Write Pinyin according to the words, and then match the words with the correct English definitions.

1. 傻 _____　　A. mountainous area

2. 扇子 _____　　B. trademark

3. 沙漠 _____　　C. shoot, fire; discharge in a jet; emit (light, heat, etc.)

4. 上级 _____　　D. community

5. 山区 _____　　E. dumbfounded; think or act mechanically

6. 商标 _____　　F. (non-electric) fan

7. 射 _____　　G. desert

8. 社区 _____　　H. superior, higher authorities

二、选择合适的词语填空　　Choose the right words and fill in the blanks.

（一）　　A. 沙漠　　B. 扇子　　C. 稍　　D. 设想　　E. 傻

1. 这条裤子____长了一点儿，有没有短一点儿的？

2. 你的____是错的。

3. 别在这儿____等了，他不会来了。

4. 夏天太热，没有____可不行。

5. 他在____里走了三天才找到水。

（二）　　A. 商标　　B. 稍微　　C. 社　　D. 山区　　E. 上级

1. 同学们成立了一个诗____，每周一起写诗。

2. 听说____单位要来检查我们的工作。

3. 她的心情____好了一些。

4. 我们的____应该重新设计一下儿。

5. ____人民的居住条件已经有了明显改善。

（三）　　A. 蛇　　B. 射　　C. 扇　　D. 上下　　E. 舍不得

1. 这些旧衣服我都____扔。

2. 全家____都为哥哥的婚礼忙起来了。

3. 这是一条有毒的____。

4. 喷泉中心突然____出水来。

5. 天气很热，妈妈给正在睡觉的孩子____风。

（四）　　A. 社区　　B. 扇　　C. 上涨　　D. 舍得　　E. 射击

1. 李华很____为父母花钱。

2. 停车费不停地____，我尽量不开车。

3. 双方互相____了很长时间。

4. 那____铁门突然倒下了。

5. 我家和小明家离得很近，都住在同一个____。

三、选择合适的词语完成句子　　Choose the right words to complete the sentences.

1. 事情不会像你____得那样简单。

　　A. 设想　　　　B. 设计　　　　C. 设立　　　　D. 设置

2. 我觉得这道菜____咸，你觉得呢？

  A. 稍微　　　　B. 稍　　　　C. 一点儿　　　　D. 很少

3. 有些老人夏天时从不____开空调。

  A. 舍不得　　　B. 舍得　　　C. 不得不　　　　D. 不得了

4. 这几天气温不断____，三天前还是17度，今天已经到28度了。

  A. 下降　　　　B. 上去　　　C. 上下　　　　　D. 上升

5. 经过认真训练，他在____比赛中获得了第一名。

  A. 发射　　　　B. 射　　　　C. 射击　　　　　D. 打击

第 34 单元　Unit 34

◎ 目标词语　Target words

661. 摄像	662. 摄像机	663. 摄影	664. 摄影师	665. 伸
666. 深处	667. 深度	668. 神	669. 神经	670. 神奇
671. 神情	672. 升高	673. 生成	674. 声	675. 胜负
676. 剩	677. 剩下	678. 失误	679. 师傅	680. 诗歌

◎ 速记　Quick memory

661　摄像　shèxiàng　*v.*　shoot pictures, make a video recording

学校会对考试过程进行摄像和记录。
数码相机不仅可以照相，还有摄像功能。

662　摄像机　shèxiàngjī　*n.*　(video) camera

一台摄像机
他用摄像机拍摄了很多生动的画面。
第一次面对摄像机，我紧张得说不出话来。

663　摄影　shèyǐng　*v.*　take a photo, shoot a film

王明的摄影技术很不错。
水下摄影是一项很有挑战性的工作。

664　摄影师　shèyǐngshī　*n.*　photographer, cameraman

我哥哥是一名专业的摄影师。
这位摄影师拍的照片很有个人风格。

665　伸　shēn　*v.*　stretch, extend

跳水时腿要伸直。
小鸟伸长了脖子（bózi, neck），想喝瓶子里的水。

666　深处　shēnchù　*n.*　depths; the inmost part

那座房子在森林深处。
你伤害了我内心深处的感情。

667　深度　shēndù　*n.*　(degree of) depth, profundity

这篇文章写得很有深度。
他们在测量河水的深度。

668　神　shén　*n.*　god, deity; spirit, mind; expression, look

有的人相信神存在，有的人不相信。
他的眼睛大大的，很有神。

看他的神色，他一定知道些什么。

669 神经 shénjīng *n.* nerve, nervus; insane

这场事故伤害了他的脑神经。
你发什么神经啊，半夜两点不睡觉，在这儿大声唱歌？！

670 神奇 shénqí *adj.* magical, miraculous

神奇的故事总会吸引我。
这个传说充满了神奇的色彩。

671 神情 shénqíng *n.* expression, look

他的神情很紧张。
小明表现出一副兴奋的神情。

672 升高 shēnggāo go up, rise

当代社会，女性的社会地位不断升高。
有科学家预测，到21世纪末全球平均气温将升高3～5度。

673 生成 shēngchéng *v.* generate, create

这是一张由电脑生成的图片。
他用电脑生成了一张新的表格。

674 声 shēng

（1）*n.* sound, voice
大声说话；歌声；雨声
她小声地唱起歌来。
同学们不断地发出笑声。
（2）*m.* a measure word for sounds
房间里传来一声猫叫。
我已经喊你好几声了，你都没听见吗？

675 胜负 shèngfù *n.* victory or defeat, success or failure, result of a competition

如果太在乎胜负，你会活得很累。
双方的水平差不多，这场比赛很难分出胜负。

676 剩 shèng *v.* be left over

我这个月的工资还剩300块钱。
大家都走了，只剩李华一个人在教室里写作业。

677 剩下 shèngxia remain, be left (over)

剩下的任务就由你们完成吧。
大家一起努力，把剩下的活儿干完。

678 失误 shīwù

（1）*v.* make a mistake
由于工作失误，他给公司造成了巨大的损失。
由于管理失误，经理这个月的奖金被取消了。

（2）n.　error, fault

这个**失误**当然应该由他负责。
工作中难免会出现一些小的**失误**。

679　**师傅**　　shīfu　　n.　a polite form of address for sb. with (accomplished) skills in a trade/handicraft

---

张**师傅**喜欢写毛笔字。
鞋坏了，我找个修鞋**师傅**补一补。

680　**诗歌**　　shīgē　　n.　poetry

现代**诗歌**；一首**诗歌**
诗歌可以丰富人们的精神世界。
中国古代**诗歌**读起来很有音乐感。

◎ 速练　Quick practice

一、先根据词语写拼音，再将词语和正确的英文释义连起来
Write Pinyin according to the words, and then match the words with the correct English definitions.

1. 升高 _____　　A. make a mistake; error, fault

2. 摄像机 _____　　B. (degree of) depth, profundity

3. 神情 _____　　C. nerve, nervus; insane

4. 深度 _____　　D. poetry

5. 失误 _____　　E. victory or defeat, success or failure, result of a competition

6. 神经 _____　　F. (video) camera

7. 诗歌 _____　　G. go up, rise

8. 胜负 _____　　H. expression, look

二、选择合适的词语填空　Choose the right words and fill in the blanks.

（一）　A. 摄像　　B. 深处　　C. 神情　　D. 剩　　E. 摄像机

1. 他的脸上出现了失望的____。

2. 这套书只____一本了。

3. 他拿着____到处拍。

4. 他正在花园的____思考问题。

5. 我们会对比赛进行现场____。

（二）　　A.深度　　B.升高　　C.剩下　　D.摄影　　E.神

1. 妈妈用昨天____的米饭炒（chǎo, stir-fry）了一碗鸡蛋饭给我吃。

2. 传说这座山里住着一个____。

3. 温度又开始____了。

4. 我花了一年时间学会了____。

5. 要是想种树，这个坑（kēng, pit）的____还不够。

（三）　　A.生成　　B.失误　　C.摄影师　　D.神经　　E.声

1. 我坐在窗前，听着窗外的雨____。

2. 通过这个软件，可以____你想要的数据。

3. 这是一种属于____系统的病。

4. 由于判断____，她输了这场比赛。

5. 这位____很受明星们的欢迎。

（四）　　A.师傅　　B.伸　　C.神奇　　D.胜负　　E.诗歌

1. 这场比赛的____很难说。

2. 这个表演非常____，观众都不敢相信自己的眼睛。

3. 这是一首浪漫的爱情____。

4. 他很想念教过他技术的____。

5. 孩子____出手来，找妈妈要糖吃。

三、选择合适的词语完成句子　Choose the right words to complete the sentences.

1. 小明从事____工作。

　　A.拍摄　　　　B.摄影　　　　C.照相　　　　D.拍照

2. 听到这个消息，他的脸上出现了矛盾的____。

　　A.心情　　　　B.神情　　　　C.表面　　　　D.样子

3. 有些人相信这个药有____的效果，什么病都能治好。

　　A.神奇　　　　B.神秘　　　　C.神　　　　　D.神经

4. 随着科学技术的发展，社会生活发生了____的变化。

　　A.深处　　　　B.深厚　　　　C.深度　　　　D.深刻

5. 这里的气候非常适合这种植物____。

　　A.生成　　　　B.生长　　　　C.生产　　　　D.生存

第35单元　Unit 35

◎ 目标词语　Target words

681. 十足	682. 时常	683. 时光	684. 时机	685. 时事
686. 实惠	687. 拾	688. 使得	689. 示范	690. 式
691. 势力	692. 试图	693. 视频	694. 视为	695. 收购
696. 收集	697. 收拾	698. 手段	699. 手法	700. 寿司

◎ 速记　Quick memory

681　**十足**　shízú　*adj.*　full, ample

他信心十足地鼓励我。
他有十足的动力去做这件事。

682　**时常**　shícháng　*adv.*　frequently, often

妈妈时常提醒我注意身体。
分手以后，我时常想起他。

683　**时光**　shíguāng　*n.*　time

美好时光；宝贵的时光；一段时光
他把许多宝贵的时光都用在了玩乐上。
青少年时期是人一生中最美好的一段时光。

684　**时机**　shíjī　*n.*　opportunity, opportune moment

有利时机
只要时机成熟，我们就可以开始了。
家长要抓住一切时机培养孩子的交际能力。

685　**时事**　shíshì　*n.*　current events, current affairs

关心时事；时事报告
爷爷每天都要看时事新闻。
我们请张老师谈谈对时事的看法。

686　**实惠**　shíhuì

（1）*adj.*　affordable, substantial, practical
饭菜实惠；价格实惠；讲究实惠
我觉得买吃的比送花更实惠。
这种旅馆设施一般，但价格实惠。

（2）*n.*　real benefit, material gain
这一措施给老百姓带来了实惠。
改革能使大家得到更多的实惠。

687 拾　shí　*v.*　pick up (from the ground)

他拾到了一本护照。
她把地上的照片一张张拾了起来。

688 使得　shǐde　*v.*　make, cause, bring about

网络技术使得人与人的距离缩短了。
不同的灯光使得舞台表演有了不同的效果。

689 示范　shìfàn　*v.*　demonstrate

他正在示范怎么在电脑上画画儿。
老师让班长给大家示范游泳动作。

690 式　shì　*n.*　type, style; ceremony

女式；西式
这些都是男式皮鞋，您可以看看。
迎接国际学生的欢迎式已经准备好了，随时可以开始。

691 势力　shìlì　*n.*　influence, force, power

势力范围；势力大；政治势力
两种势力之间发生了冲突。
他在公司的势力受到了影响。

692 试图　shìtú　*v.*　attempt, try

他想了很多办法试图说服经理。
我试图对他说明原因，可他根本不听。

693 视频　shìpín　*n.*　video

我们将通过视频会议进行讨论。
姐姐正在看一个关于长江的视频。

694 视为　shìwéi　regard as

我把王明视为最好的朋友。
这幅画儿被视为中国古代艺术的代表。

695 收购　shōugòu　*v.*　purchase, buy

大量收购；收购粮食
公司已经提前完成了收购计划。
张先生曾以8万元的价格收购了一张老邮票。

696 收集　shōují　*v.*　collect, gather

收集资料；收集意见；收集起来
我们正在收集这方面的材料。
请班长收集一下儿同学们的意见。

697 收拾　shōushi　*v.*　put in order, tidy up

妈妈正在为孩子收拾行李。
她的房间总是收拾得很干净。

698 手段　shǒuduàn　*n.*　means, method

法律手段；外交手段
为了救人，医生采取了一切可以使用的手段。
短视频是当代社会一种有效的信息传播手段。

699 手法　shǒufǎ　*n.*　skill, technique

写作手法；手法独特
他用了一种全新的手法来描写战争中的人。
传统的茶叶制作对工艺和加工手法都有较高的要求。

700 寿司　shòusī　*n.*　sushi

妈妈说今晚吃寿司。
寿司的做法虽然简单，但是味道很好。

◎ 速练　Quick practice

一、先根据词语写拼音，再将词语和正确的英文释义连起来
Write Pinyin according to the words, and then match the words with the correct English definitions.

1. 试图 _____　　A. means, method

2. 时常 _____　　B. video

3. 实惠 _____　　C. current events, current affairs

4. 收拾 _____　　D. purchase, buy

5. 手段 _____　　E. attempt, try

6. 视频 _____　　F. put in order, tidy up

7. 收购 _____　　G. frequently, often

8. 时事 _____　　H. affordable, substantial, practical; real benefit, material gain

二、选择合适的词语填空　Choose the right words and fill in the blanks.

（一）　A. 十足　　B. 实惠　　C. 势力　　D. 收拾　　E. 时常

1. 各方____的矛盾集中在利益分配上。

2. 妈妈____给我寄东西。

3. 学校食堂的饭菜很____。

4. 这些东西让我来____吧。

5. 走进他家，到处都是书，书香气____。

（二）　　A. 拾　　　B. 试图　　　C. 收集　　　D. 时光　　　E. 使得

1. 你们____的这些证据很有用。

2. 这件事____爸爸的心情非常不好。

3. 小明从地上____起了一个盒子。

4. 他们____摆脱这个麻烦。

5. 和孩子们一起玩儿的____是最快乐的。

（三）　　A. 视频　　　B. 手段　　　C. 时机　　　D. 示范　　　E. 视为

1. 这个动作我还不会做，您能再____一次吗？

2. 很多人把自制的____上传到了网上。

3. 他被____20世纪最伟大的篮球运动员。

4. 你不能用这种____取得比赛的胜利。

5. 他们看准了一个好____，赚了很多钱。

（四）　　A. 手法　　　B. 时事　　　C. 式　　　D. 收购　　　E. 寿司

1. 他最近____了一家书店。

2. 我们一起做____吧。

3. 哥哥很关心____，对很多事情都有自己的理解。

4. 这本书里每篇文章的写作____都不一样。

5. 房间里摆着一些老____家具。

三、选择合适的词语完成句子　Choose the right words to complete the sentences.

1. 互联网已成为学生学习知识、____信息的重要工具。

　A. 收集　　　B. 收拾　　　C. 收获　　　D. 收购

2. 他创造出了一套独特的摄影____。

　A. 手段　　　B. 手法　　　C. 做法　　　D. 想法

3. 这个舞蹈充满了青春____。

　A. 动力　　　B. 精力　　　C. 势力　　　D. 活力

4. 这首歌曲使她想起了那段美好的大学____。

　A. 时代　　　B. 时机　　　C. 时光　　　D. 时事

5. 环境保护法使环境保护工作更____了。

　A. 示范　　　B. 规范　　　C. 模范　　　D. 模型

第36单元　Unit 36

◎ 目标词语　Target words

701. 受灾	702. 瘦	703. 书法	704. 书柜	705. 书桌
706. 输出	707. 蔬菜	708. 熟悉	709. 鼠	710. 鼠标
711. 数目	712. 摔	713. 摔倒	714. 率领	715. 双手
716. 水产品	717. 水分	718. 水库	719. 水灾	720. 睡眠

◎ 速记　Quick memory

701　受灾　shòu//zāi　be hit by a natural calamity

受灾群众；受灾严重；受灾地区
一定要保证受灾群众的基本生活需求。
这个地区前几年受过灾，但现在已经完全恢复了。

702　瘦　shòu　adj.　thin; lean; tight

她高高的，瘦瘦的，不爱说话。
儿童平时多吃一些瘦肉和鱼，对长高是有帮助的。
这件衣服我穿太瘦了，有大一号的吗？

703　书法　shūfǎ　n.　calligraphy

书法艺术；书法比赛
爷爷每天都要练习书法。
他是全国有名的书法家。

704　书柜　shūguì　n.　bookcase

教室里有一个书柜。
爸爸的书装满了整个书柜。

705　书桌　shūzhuō　n.　desk, writing desk

他坐在书桌前认真看书。
我们最好把这张书桌搬走。

706　输出　shūchū　v.　export; output

电子产品是中国输出的主要商品之一。
最新的计算机能更快地输出数据。

707　蔬菜　shūcài　n.　vegetable

李明开了一家蔬菜水果店。
我们每天都应该吃一些新鲜蔬菜。

708　熟悉　shúxi　v.　know sth. or sb. well, be familiar with

熟悉规则；熟悉情况

老李对这里的环境很熟悉。
我得先熟悉一下儿我的工作内容。

709 鼠　　shǔ　　n.　　mouse, rat

猫一看到老鼠就兴奋。
他是2008年出生的，属鼠。

710 鼠标　　shǔbiāo　　n.　　(computer) mouse

鼠标坏了，我要买一个新的。
用平板电脑办公的时候，配一个鼠标会更方便。

711 数目　　shùmù　　n.　　number, amount

这笔钱的数目很大。
申请人的数目已增加到200多人了。

712 摔　　shuāi　　v.　　fall, tumble (after losing one's balance); plunge; break; cast, throw

他不小心从自行车上摔下来了。
那架飞机从天上摔下来了。
我不小心把花瓶摔了。
哥哥很生气，把手机摔到了桌子上。

713 摔倒　　shuāidǎo　　tumble, fall down

人不能在同一个地方摔倒两次。
我刚才摔倒了，现在腿有点儿疼。

714 率领　　shuàilǐng　　v.　　lead, head, command

率领学生；率领参观团
这个代表团由谁率领？
他率领一个旅游团去了北京。

715 双手　　shuāng shǒu　　both hands

洗衣机解放了我的双手。
他的双手非常适合弹（tán，play, pluck）钢琴。

716 水产品　　shuǐchǎnpǐn　　n.　　aquatic products

我叔叔是做水产品生意的。
山东省的水产品资源十分丰富。

717 水分　　shuǐfèn　　n.　　moisture (content); exaggeration

植物生长需要阳光、水分和空气。
这些数据里有水分，得好好查一查。

718 水库　　shuǐkù　　n.　　reservoir

政府计划在这里修一个水库。
靠近水库的地方，种了一片苹果树。

719 水灾　　shuǐzāi　　n.　　flood

我出生那年，家乡发生了一场水灾。

这场水灾使很多人失去了自己的家。

720 睡眠　shuìmián　*n.*　sleep

保证睡眠；睡眠充足
太兴奋会影响睡眠。
他最近太忙了，睡眠不足。

◎ 速练　Quick practice

一、先根据词语写拼音，再将词语和正确的英文释义连起来
Write Pinyin according to the words, and then match the words with the correct English definitions.

1. 熟悉 ＿＿＿＿＿＿　　　　A. (computer) mouse

2. 书法 ＿＿＿＿＿＿　　　　B. sleep

3. 蔬菜 ＿＿＿＿＿＿　　　　C. know sth. or sb. well, be familiar with

4. 输出 ＿＿＿＿＿＿　　　　D. reservoir

5. 瘦 ＿＿＿＿＿＿　　　　　E. export; output

6. 鼠标 ＿＿＿＿＿＿　　　　F. calligraphy

7. 睡眠 ＿＿＿＿＿＿　　　　G. vegetable

8. 水库 ＿＿＿＿＿＿　　　　H. thin; lean; tight

二、选择合适的词语填空　Choose the right words and fill in the blanks.

（一）　A. 受灾　　B. 输出　　C. 数目　　D. 水产品　　E. 瘦

1. 这笔钱虽然＿＿不大，但是足够你生活下去了。

2. 你太＿＿了，得多吃一点儿。

3. 这所大学每年都会向社会＿＿很多人才。

4. 这次一共有6个省市＿＿。

5. 我们是一家有着50年历史的＿＿贸易公司。

（二）　A. 蔬菜　　B. 摔　　C. 水分　　D. 书法　　E. 熟悉

1. 夏天应该吃一些＿＿比较多的水果。

2. 我很＿＿她的声音。

3. 他参加了全国＿＿比赛。

4. 这个超市里的＿＿都很新鲜。

5. 他____伤了一条腿。

（三）　　A. 摔倒　　　B. 水库　　　C. 书柜　　　D. 鼠　　　E. 率领

1. 她____这支足球队赢得了冠军。

2. 我从小就害怕老____。

3. 她____时弄伤了脚。

4. 只要大家一起努力，就一定能把____建好。

5. ____里装着各种书。

（四）　　A. 水灾　　　B. 书桌　　　C. 鼠标　　　D. 双手　　　E. 睡眠

1. 请好好保护你的____！

2. 我的____时间越来越少。

3. 妈妈在____上摆了一个花瓶。

4. 这场____给当地群众带来了很大的损失。

5. 这个____是朋友送给我的。

三、选择合适的词语完成句子　Choose the right words to complete the sentences.

1. 在这次____工作中，军人发挥了很大的作用。
   A. 火灾　　　　B. 救灾　　　　C. 受灾　　　　D. 水灾

2. 公司在上海找到了新的合作____。
   A. 节目　　　　B. 题目　　　　C. 项目　　　　D. 数目

3. 刚摘下来的苹果____充足，十分好吃。
   A. 水分　　　　B. 比分　　　　C. 充分　　　　D. 学分

4. 手机被我不小心____坏了。
   A. 掉　　　　　B. 摔　　　　　C. 摔倒　　　　D. 倒

5. 在比赛中他们队一直____我们一个球，直到比赛结束。
   A. 领导　　　　B. 领先　　　　C. 带领　　　　D. 率领

第 37 单元　Unit 37

◎ 目标词语　Target words

721. 说法	722. 硕士	723. 私人	724. 思维	725. 四周
726. 搜	727. 搜索	728. 宿舍	729. 酸甜苦辣	730. 随后
731. 随意	732. 随着	733. 岁月	734. 碎	735. 损害
736. 损失	737. 所在	738. 锁	739. 台风	740. 抬

◎ 速记　Quick memory

721　说法　shuō·fǎ　n.　way of saying sth.; view; solution (to a dispute, etc.), settlement

这个说法不好，换一个吧。
我支持你的说法。
这件事情必须有个说法，不能就这么过去了。

722　硕士　shuòshì　n.　master, master's degree

他是一名硕士研究生。
小美打算申请北京舞蹈学院的硕士。

723　私人　sīrén　n.　private, personal

他们之间的私人关系一直不错。
私人企业是经济健康发展的重要组成部分。

724　思维　sīwéi　n.　thought, thinking, mind

王明的逻辑思维能力很强。
文字可以表达人的思维活动过程。

725　四周　sìzhōu　n.　(on) all sides

房子四周种满了花草。
他仔细观察了一下儿四周的情况。

726　搜　sōu　v.　search

搜山工作已经进行了两天，但孩子还没找到。
警察在他身上什么也没搜到，只好放他走了。

727　搜索　sōusuǒ　v.　search, hunt for

我们要提高信息搜索能力。
警察正在四处搜索那个小偷儿。

728　宿舍　sùshè　n.　dormitory

我和他曾经住在一个宿舍。
这所学校的宿舍条件很不错。

729 酸甜苦辣　suān-tián-kǔ-là　　sour, sweet, bitter, hot—joys and sorrows of life

舌头是重要的味觉（wèijué, sense of taste）器官，酸甜苦辣都靠它来分辨（fēnbiàn, distinguish）。
这些年，人生的酸甜苦辣他都尝遍了。

730 随后　suíhòu　*adv.*　soon after

你先走，我随后就来。
我和老师一起走进了教室，随后他向同学们介绍了我。

731 随意　suí//yì　at will; casual; fulfill one's desire

随意进出
你穿得也太随意了。
稍不随他的意，他就发脾气。

732 随着　suízhe　*prep.*　along with, with, following

随着年龄的增长，童年的记忆越来越淡了。
随着经济的发展，人们的生活水平不断提高。

733 岁月　suìyuè　*n.*　years, time

一段岁月；艰苦的岁月；漫长的岁月
感谢你陪我走过这段难忘的岁月。
岁月不等人，我要珍惜时间，好好学习。

734 碎　suì　*adj.*　broken, fragmentary; garrulous

他气得把信剪成了碎片。
他的嘴太碎了，大家都不太喜欢他。

735 损害　sǔnhài　*v.*　harm, injure

损害利益
这样做会损害公司的形象。
吸烟会严重损害你的健康。

736 损失　sǔnshī

（1）*v.*　lose
损失严重
火灾让他损失了一大笔钱。
由于经营失误，我们公司今年损失严重。
（2）*n.*　loss
我一定会赔偿你的损失。
今年的水灾给群众造成了巨大的损失。

737 所在　suǒzài　*n.*　place, location; where sb./sth. is

我想去妈妈所在的城市上大学。
遇到困难，应该找出问题所在，然后解决它。

738 锁 suǒ

（1）*n.* lock
我打不开门锁了。
这把钥匙（yàoshi，key）打不开箱子上的锁。
（2）*v.* lock (up)
离开家时一定要把门锁好。
哥哥把我们的自行车锁在了一起。

739 台风 táifēng *n.* typhoon

台风过后，这里的房子几乎都倒了。
去年中秋节，一场台风刮（guā，blow）了三天三夜。

740 抬 tái *v.* lift/raise (one's limbs, head, etc.); (of two or more persons) lift, carry

抬一下儿脚；抬高
请你抬一儿腿。
他们俩抬着一个箱子上楼去了。

◎ 速练 Quick practice

一、先根据词语写拼音，再将词语和正确的英文释义连起来
Write Pinyin according to the words, and then match the words with the correct English definitions.

1. 说法 _____   A. typhoon

2. 碎 _____   B. way of saying sth.; view; solution (to a dispute, etc.), settlement

3. 硕士 _____   C. place, location; where sb./sth. is

4. 台风 _____   D. dormitory

5. 岁月 _____   E. broken, fragmentary; garrulous

6. 宿舍 _____   F. master, master's degree

7. 四周 _____   G. years, time

8. 所在 _____   H. (on) all sides

二、选择合适的词语填空 Choose the right words and fill in the blanks.

（一） A. 说法   B. 搜索   C. 随着   D. 锁   E. 硕士

1. ____科技的发展，手机的功能越来越丰富。

2. 有的小偷儿开这种____的时间不超过3分钟。

3. 哥哥是计算机专业的____。

4. 你可以从网上____自己想要的信息。

5. 我们应该相信他的____。

（二）　　A.宿舍　　　B.岁月　　　C.台风　　　D.酸甜苦辣　　　E.碎

1. ____就要来了，请大家关好门窗。

2. 这些____玻璃要收拾干净，别伤到人。

3. 他们都讲了自己经历过的____。

4. 他很怀念年轻时的____。

5. 爱华刚刚搬进学校的____。

（三）　　A.抬　　　B.思维　　　C.损害　　　D.四周　　　E.随后

1. 我刚到家，____哥哥也回来了。

2. 忽然，____一下儿安静了下来。

3. 我和妈妈一起把沙发____了出去。

4. 我们的____方式不同。

5. 这场病没有____他的健康和活力。

（四）　　A.损失　　　B.搜　　　C.随意　　　D.所在　　　E.私人

1. 只有知道自己的兴趣____，才能准确地选择自己喜欢的专业。

2. 保险公司正在计算这次事故带来的____。

3. 他有一架____飞机。

4. 大家可以____交流，想说什么就说什么。

5. 警察正在____他的背包。

三、选择合适的词语完成句子　Choose the right words to complete the sentences.

1. 谢谢大家对我的关心，____也为大家准备了一份礼物。

　A.名人　　　　B.本人　　　　C.私人　　　　D.迷人

2. 张老师先给我们听写，____又安排了一场考试。

　A.随意　　　　B.随着　　　　C.随后　　　　D.随手

3. 他的做法严重____了公司利益。

　A.损害　　　　B.危害　　　　C.损失　　　　D.消失

4. 警察决定扩大____范围。

　A.搜　　　　　B.搜索　　　　C.找到　　　　D.找出

5. 这份工作提高了她____问题和解决问题的能力。

　A.设想　　　　B.思想　　　　C.思维　　　　D.思考

第38单元　Unit 38

◎ 目标词语　Target words

741. 抬头	742. 太空	743. 弹	744. 逃	745. 逃跑
746. 逃走	747. 桃	748. 桃花	749. 桃树	750. 讨厌
751. 特定	752. 特性	753. 特有	754. 提倡	755. 提起
756. 提示	757. 题材	758. 体积	759. 体力	760. 天才

◎ 速记　Quick memory

741　抬头　tái//tóu　raise one's head; gain ground, rise

她抬头看着天上的星星。
我抬起头来，看着黑板上的字。
在部分地区，污染问题有抬头趋势。

742　太空　tàikōng　n.　(outer) space

太空飞行；太空旅行
我希望有一天能到太空去看看。
人类对太空的认识还处在初始阶段。

743　弹　tán　v.　bounce; flick; play, pluck

网球在地上弹了好几下。
他弹了弹裤子上的土。
妹妹钢琴弹得很好。

744　逃　táo　v.　run away; evade

她从那里逃出来了。
逃学是不对的，你应该向家长和老师道歉（dào//qiàn，apologize）。

745　逃跑　táopǎo　v.　run away, flee, escape

敌人又逃跑了。
小偷儿在逃跑15分钟后就被警察抓住了。

746　逃走　táozǒu　v.　run away, flee, escape

他带着3000块钱逃走了。
只要你发现有危险，就立即逃走。

747　桃　táo　n.　peach

一斤桃多少钱？
我很喜欢喝这种桃味汽水。

748　桃花　táohuā　n.　peach blossom

一朵桃花；满树桃花

桃花已经开过了。
有几朵桃花落到了你的身上。

| 749 | 桃树 | táoshù | *n.* | peach tree |

家里的桃树又开花了。
这棵桃树是爷爷种的。

| 750 | 讨厌 | tǎo//yàn | | dislike; disagreeable, disgusting |

我很讨厌烟味。
最近的天气真是讨厌极了。

| 751 | 特定 | tèdìng | *adj.* | specially designated; given, specific |

这种食品是为特定人群设计的。
这种植物只有在特定的环境条件下才有可能开花。

| 752 | 特性 | tèxìng | *n.* | specific property/characteristic |

民族特性；商人的特性
每个民族都有自己的文化特性。
我们要根据产品的特性设计广告。

| 753 | 特有 | tèyǒu | *adj.* | unique, specific, peculiar (to) |

长城是中国特有的旅游资源。
教育是人类社会所特有的一种现象。

| 754 | 提倡 | tíchàng | *v.* | advocate, uphold |

提倡节约；提倡多读书
这本书提倡个性化教育。
我们不提倡这种过度运动的行为。

| 755 | 提起 | tíqǐ | *v.* | mention, speak of; cheer up |

哥哥再也没有提起过这件事。
提起精神，一次没考好没什么大不了的。

| 756 | 提示 | tíshì | *v.* | hint, reminder |

老师给我们提示了做题方法。
他在认真思考这个问题，先不要提示他。

| 757 | 题材 | tícái | *n.* | subject matter, topic, theme |

题材广泛；题材丰富；题材简单；小说的题材
生活中的酸甜苦辣都成了她写作的题材。
张记者对自己要报道的题材进行了广泛的调查研究。

| 758 | 体积 | tǐjī | *n.* | volume, bulk |

大多数日用品的体积比较小。
我不知道怎么计算这个盒子的体积。

| 759 | 体力 | tǐlì | *n.* | physical strength, physical power |

他的体力很好，能连续跑10公里。

教练让我在比赛前注意保持体力。

760 天才 tiāncái *n.* genius, gift, talent; genius (person)

天才儿童；音乐天才
这本书很好地体现了她的写作天才。
他是一个做生意的天才。

◎ **速练** Quick practice

一、先根据词语写拼音，再将词语和正确的英文释义连起来
Write Pinyin according to the words, and then match the words with the correct English definitions.

1. 桃花 ＿＿＿＿＿＿＿＿＿＿   A. subject matter, topic, theme

2. 逃走 ＿＿＿＿＿＿＿＿＿＿   B. dislike; disagreeable, disgusting

3. 弹 ＿＿＿＿＿＿＿＿＿＿   C. (outer) space

4. 抬头 ＿＿＿＿＿＿＿＿＿＿   D. run away, flee, escape

5. 太空 ＿＿＿＿＿＿＿＿＿＿   E. genius, gift, talent; genius (person)

6. 题材 ＿＿＿＿＿＿＿＿＿＿   F. peach blossom

7. 讨厌 ＿＿＿＿＿＿＿＿＿＿   G. bounce; flick; play, pluck

8. 天才 ＿＿＿＿＿＿＿＿＿＿   H. raise one's head; gain ground, rise

二、选择合适的词语填空 Choose the right words and fill in the blanks.

（一）　　A. 抬头　　B. 逃走　　C. 特定　　D. 提示　　E. 太空

1. 鸟的这些行为是在＿＿＿环境下产生的。

2. 老师＿＿＿了一下儿，马上就有人回答出来了。

3. ＿＿＿中还有很多秘密等着我们去发现。

4. 老鼠已经＿＿＿了，猫没抓住它。

5. 他有时会＿＿＿看窗外。

（二）　　A. 桃　　B. 特性　　C. 题材　　D. 弹　　E. 桃花

1. 她写了很多战争＿＿＿的作品。

2. 大雨过后，＿＿＿全都落了。

3. 正在＿＿＿钢琴的是我的好朋友爱丽。

4. 专家正在研究这种动物的居住＿＿＿。

5. 她今天吃了两个____。

（三）　　A. 特有　　B. 体积　　C. 逃　　D. 桃树　　E. 提倡

1. 在购物时，我们____合理消费、不过度消费。

2. 他坐在一棵____下休息。

3. 几十年来，计算机的____不断缩小。

4. 这幅画儿显示出了画家____的风格。

5. 小偷儿____到了人群中。

（四）　　A. 体力　　B. 逃跑　　C. 讨厌　　D. 提起　　E. 天才

1. 如果别人____你的名字，你最希望听到他说什么？

2. 做这份工作需要有好的____。

3. 这个孩子有音乐____。

4. 新娘竟然从婚礼上____了！

5. 你的行为让人____。

三、选择合适的词语完成句子　Choose the right words to complete the sentences.

1. 语言系统是人类____的。

　A. 特性　　　B. 特征　　　C. 特有　　　D. 特定

2. 我要好好吃顿饭，补充一下儿____。

　A. 体积　　　B. 体检　　　C. 体重　　　D. 体力

3. 小明一____学习就头疼。

　A. 提起　　　B. 提示　　　C. 提供　　　D. 提倡

4. 明天的考试，你是怎么也____不掉的！

　A. 跳　　　　B. 逃　　　　C. 逃跑　　　D. 跑步

5. 她一____就看到了身后的妈妈。

　A. 点头　　　B. 抬头　　　C. 回头　　　D. 镜头

第39单元　Unit 39

◎ 目标词语　Target words

761. 天然气	762. 天文	763. 调节	764. 调解	765. 厅
766. 停留	767. 通用	768. 偷	769. 偷偷	770. 突破
771. 土豆	772. 吐（tǔ, v.）	773. 吐（tù, v.）	774. 兔	775. 团长
776. 推行	777. 脱离	778. 外界	779. 完了	780. 微博

◎ 速记　Quick memory

761 **天然气**　tiānránqì　*n.*　natural gas

使用天然气；丰富的天然气
用天然气做饭既便宜又环保。
这个地区有丰富的石油和天然气资源。

762 **天文**　tiānwén　*n.*　astronomy

天文现象；天文专业
他是一个天文爱好者。
这本书介绍了现代天文学的发展情况。

763 **调节**　tiáojié　*v.*　regulate, adjust

调节心情；调节温度；自动调节
旅行对调节心情很有效果。
这个房间的温度调节得比较合适。

764 **调解**　tiáojiě　*v.*　mediate, reconcile

调解矛盾；调解双方关系
老师正在调解他们俩的矛盾。
经过调解，他们决定不离婚了。

765 **厅**　tīng　*n.*　hall; department under a provincial government

爸爸在客厅里和朋友聊天儿。
省教育厅下发了一个文件。

766 **停留**　tíngliú　*v.*　stay for a time; remain

我只在北京停留四个小时。
他希望时间能永远停留在这一刻。

767 **通用**　tōngyòng　*v.*　be in common use; be general, be common, be universally used

全国通用；通用的文字
音乐是一种世界通用的语言。
这张信用卡可以在全世界通用。

768 偷　tōu

（1）v.　steal
他的钱包被偷了。
妈妈从小就教育我，再穷也不能偷东西。
（2）adv.　stealthily, secretly
偷看；偷跑
谁偷吃了我的蛋糕？
他偷拿了车钥匙，把车开走了。

769 偷偷　tōutōu　adv.　stealthily, secretly, on the sly

孩子偷偷跑出去玩儿了。
他一边听课，一边偷偷吃东西。

770 突破　tūpò

（1）v.　break through
突破自己；全面突破；突破传统
我们要不断突破自己、挑战自己。
今年的粮食产量突破了13 000亿斤。
（2）n.　breakthrough
有突破；取得突破
对网络教学的研究有了新的突破。
中国在自动驾驶方面取得了重大突破。

771 土豆　tǔdòu　n.　potato

妈妈让我帮她切土豆。
他在院子里种了不少土豆。

772 吐　tǔ　v.　spit (out); say, tell

孩子还不会吐刺，别给他吃鱼。
一定要让他把实话吐出来。

773 吐　tù　v.　vomit, throw up

小明病了，今天吐了两次。
他把吃下去的东西都吐出来了。

774 兔　tù　n.　rabbit

我们老师属兔，今年36岁。
兔宝宝小小的，白白的，可爱极了。

775 团长　tuánzhǎng　n.　regimental commander, head/leader of a delegation, troupe, etc.

他是一名很优秀的团长。
爱丽担任了学校歌舞（gēwǔ, song and dance）团的团长。

776 推行　tuīxíng　v.　carry out, implement

好的学习方法应该在全校推行。
这个考核方案已经推行三年了。

777 **脱离** tuōlí   v.   separate oneself from, break away from

脱离群众；脱离现实
写文章一定不能脱离实际。
经过抢救，病人已经脱离危险了。

778 **外界** wàijiè   n.   (as opposed to one's family, workplace, etc.) external/outside world

观察外界；重视外界声音；关心外界
我不在乎外界的批评。
她正在承受来自外界的压力。

779 **完了** wánle   conj.   used colloquially to indicate that two events occur in sequence

我先吃口饭，完了就去机场。
我下了班先接孩子，完了还得买菜。

780 **微博** wēibó   n.   Weibo, microblog

他每天都会发一条微博。
我关注了很多明星的微博。

◎ 速练   Quick practice

一、先根据词语写拼音，再将词语和正确的英文释义连起来
Write Pinyin according to the words, and then match the words with the correct English definitions.

1. 兔 _____   A. potato

2. 通用 _____   B. (as opposed to one's family, workplace, etc.) external/outside world

3. 天文 _____   C. Weibo, microblog

4. 天然气 _____   D. rabbit

5. 土豆 _____   E. astronomy

6. 外界 _____   F. hall; department under a provincial government

7. 厅 _____   G. natural gas

8. 微博 _____   H. be in common use; be general, be common, be universally used

二、选择合适的词语填空   Choose the right words and fill in the blanks.

（一）   A. 天然气   B. 土豆   C. 停留   D. 推行   E. 天文

1. 我对这里的印象还____在10年前。

2. 这种做法在一些地方____过一段时间。

3. 他有丰富的____知识。

4. 我们要正确使用____。

5. 我喜欢吃用____做的菜。

(二)　　A. 通用　　B. 吐　　C. 脱离　　D. 调节　　E. 偷

1. 不能____实际谈发展，要结合当地的情况。
2. 地里的西瓜不能____。
3. 狗的舌头有____体温的作用。
4. 这张交通卡全省____。
5. 你怎么没把葡萄皮____出来？

(三)　　A. 吐　　B. 外界　　C. 调解　　D. 偷偷　　E. 兔

1. 他完全不关心____的事情。
2. ____子的眼睛红红的，尾巴短短的。
3. 爸妈不在家的时候，我____玩儿了会儿电脑。
4. 哥哥喝酒喝多了，正在____呢。
5. 父亲正在____两个女儿之间的矛盾。

(四)　　A. 完了　　B. 厅　　C. 突破　　D. 团长　　E. 微博

1. 他们在人脑的研究上有了巨大的____。
2. 我不记得____的密码了。
3. 祝我们亲爱的____生日快乐！
4. 张老师下了课先去办公室放作业，____又去开了一个会。
5. 我打算去酒店的餐____吃晚饭，你去吗？

三、选择合适的词语完成句子　Choose the right words to complete the sentences.

1. 请大家不要在这里长时间____。
　　A. 停　　　　B. 停止　　　　C. 停下　　　　D. 停留
2. 公司重新____了近期的工作安排。
　　A. 调节　　　B. 调解　　　　C. 调整　　　　D. 调动
3. 这种教育模式可以向全国____。
　　A. 推动　　　B. 推行　　　　C. 推迟　　　　D. 推进
4. 我们的讨论渐渐____了主题。
　　A. 距离　　　B. 分离　　　　C. 脱离　　　　D. 摆脱
5. 在面试时要尽量____自己的优点。
　　A. 突出　　　B. 突破　　　　C. 打破　　　　D. 破坏

第40单元　Unit 40

◎ 目标词语　Target words

781. 为难	782. 为期	783. 为止	784. 为主	785. 违法
786. 违反	787. 违规	788. 围绕	789. 唯一	790. 委托
791. 卫星	792. 胃	793. 慰问	794. 温和	795. 文艺
796. 卧室	797. 握	798. 污染	799. 污水	800. 屋

◎ 速记　Quick memory

781　为难　wéinán

（1）adj.　embarrassed, awkward, vexed
你这样做真叫我为难。
看他一脸为难的样子，就知道事情不好办。
（2）v.　make sth. difficult for
你为什么要故意为难他？
你为难我好几次了，真的很过分！

782　为期　wéiqī　v.　last a certain period of time

他们刚刚结束了为期100天的封闭训练。
我们将开展为期3天的"爱地球"活动。

783　为止　wéizhǐ　v.　up to, till

我会不停地给你打电话，直到你接了为止。
到目前为止，已经有10名同学报名了汉字大赛。

784　为主　wéizhǔ　v.　focus on, give priority to

今天的课以口语练习为主。
他是客人，点菜时以他的选择为主。

785　违法　wéi//fǎ　break/violate the law, be illegal

严重违法；故意违法
他不可能做出违法的事。
这几座楼是违法建筑，必须拆除。

786　违反　wéifǎn　v.　violate, breach

违反规定；一再违反
你们的做法违反了合同内容。
他酒后开车，违反了交通法规。

787　违规　wéi//guī　violate rules/regulations

政府将对违规企业进行处罚。

在广告中禁止使用违规宣传语。

788 **围绕** wéirào v. go/move around; center on, revolve around

你可以围绕这件事写一本小说。
月亮围绕地球转动（zhuàndòng, turn, rotate）。

789 **唯一** wéiyī adj. only, sole, unique

做生意赚钱是他唯一的乐趣。
刘老师是我们学校唯一的男老师。

790 **委托** wěituō v. entrust, commission

特意委托；受……委托
朋友委托我打听HSK考试的时间。
我受王明的委托，去他家看望他的父母。

791 **卫星** wèixīng n. satellite; man-made/artificial satellite

月亮是地球的卫星。
"东方红一号"是中国自主研制的第一颗卫星。

792 **胃** wèi n. stomach

喝了四杯白酒，我的胃又开始疼了。
经过检查，爸爸的胃没有任何问题。

793 **慰问** wèiwèn v. express sympathy and solicitude

政府向受灾群众表示慰问。
他住院以后，朋友们都来慰问了他。

794 **温和** wēnhé adj. neither cold nor hot; mild, gentle

温和的春风；性格温和
这一地区的气候温和，冬暖夏凉，非常适合居住。
王老师对我们的态度总是那么温和。

795 **文艺** wényì n. art and literature

文艺作品；文艺形式
这是一场精彩的文艺表演。
他在学校的文艺晚会上表演了一个节目。

796 **卧室** wòshì n. bedroom

他把卧室重新装修了一下儿。
这间卧室的光线很好，阳光充足。

797 **握** wò v. hold, take in one's hand

在本届亚运会中，中国队已手握32块金牌。
这场比赛我们胜利在握，后面只要正常发挥就行。

798 **污染** wūrǎn v. contaminate, pollute

水污染；污染环境；受到污染

这些有毒气体污染了空气。
湖水被严重污染，湖里已经没有鱼了。

799 污水　　wūshuǐ　　*n.*　　sewage, waste water

这是一家污水处理厂。
他们用处理过的生活污水清洗（qīngxǐ，wash, clean）公路。

800 屋　　wū　　*n.*　　house; room

他一直跑到屋前才停下来。
我们各自回屋休息吧。

◎ 速练　Quick practice

一、先根据词语写拼音，再将词语和正确的英文释义连起来
Write Pinyin according to the words, and then match the words with the correct English definitions.

1. 文艺 _____　　A. neither cold nor hot; mild, gentle

2. 围绕 _____　　B. stomach

3. 为难 _____　　C. art and literature

4. 卫星 _____　　D. entrust, commission

5. 温和 _____　　E. go/move around; center on, revolve around

6. 胃 _____　　F. bedroom

7. 委托 _____　　G. embarrassed, awkward, vexed; make sth. difficult for

8. 卧室 _____　　H. satellite; man-made/artificial satellite

二、选择合适的词语填空　Choose the right words and fill in the blanks.

（一）　A. 为难　　B. 违反　　C. 卫星　　D. 握　　E. 为期

1. 她热情地跟每一位演员____手。

2. 中国有4个____发射中心。

3. 通过____3天的采访，他获得了很多资料。

4. 经理的这个问题让我非常____。

5. 因为____考试纪律，他的成绩被取消了。

（二）　A. 违规　　B. 慰问　　C. 污染　　D. 围绕　　E. 为止

1. 厂里的污水都流到了河里，____了河水。

2. 他开了1个小时的车，____了2次。

3. 这件事情到此____，以后谁也不要再提了。

4. 学校领导今天____了10名退休教师。

5. ____这一问题，同学们展开了热烈的讨论。

（三）　　A. 温和　　　B. 污水　　　C. 唯一　　　D. 文艺　　　E. 为主

1. 特色____演出吸引了很多观众。

2. 爷爷是小明____的亲人。

3. 台风过后，街上到处都是____。

4. 他家的书以小说____。

5. 哥哥有一双非常____的眼睛。

（四）　　A. 屋　　　B. 违法　　　C. 委托　　　D. 卧室　　　E. 胃

1. 他把这个任务____给我了。

2. 听，____外有人在叫你。

3. 她在____的墙上挂了一幅画儿。

4. 不按时吃饭对____不好。

5. 这种行为虽然不____，但我们也不提倡。

三、选择合适的词语完成句子　Choose the right words to complete the sentences.

1. 比赛期间，那名运动员多次____比赛规定。

　　A. 违规　　　B. 违法　　　C. 违反　　　D. 相反

2. 工业和生活____经过处理后可以重复用在工业生产中。

　　A. 污染　　　B. 污水　　　C. 海水　　　D. 开水

3. 这家餐馆以面食____。

　　A. 为难　　　B. 为止　　　C. 为期　　　D. 为主

4. 经理让我们统计公司网站每天的____量。

　　A. 顾问　　　B. 慰问　　　C. 访问　　　D. 疑问

5. 这家商店的商品品种____，质量也不行。

　　A. 单一　　　B. 唯一　　　C. 统一　　　D. 万一

第41单元　Unit 41

◎ 目标词语　Target words

801. 无奈	802. 无疑	803. 舞	804. 物价	805. 物业
806. 物质	807. 误解	808. 西红柿	809. 西装	810. 喜剧
811. 戏	812. 戏剧	813. 吓	814. 先后	815. 先前
816. 鲜艳	817. 闲	818. 显	819. 现有	820. 现状

◎ 速记　Quick memory

801　无奈　wúnài

（1）*v.*　have no choice (but to do sth.), be helpless
他的做法让人很无奈。
田丽不想工作了，非要去旅行，父母也很无奈。
（2）*conj.*　unfortunately, but
我们今天本来想出去玩儿，无奈下雨了，只好待在家里。
我和男朋友约好了一起看电影，无奈公司突然让他加班，我只好自己去看。

802　无疑　wúyí　*v.*　be beyond doubt

这个消息无疑是真的。
你这样做无疑是在给自己找麻烦。

803　舞　wǔ

（1）*n.*　dance
她是一位很有名的舞者。
我想请你跳一支舞，可以吗？
（2）*v.*　dance with sth. in one's hands; wave
春节时这里会举行舞龙表演。
他手舞双刀，给现场的观众表演了一段中国武术。

804　物价　wùjià　*n.*　(commodity) prices

物价稳定；物价上涨
近几年物价始终保持稳定。
他提出了稳定物价的几种办法。

805　物业　wùyè　*n.*　real estate (management), property (management)

物业费太高了，我负担不起。
这个小区的居民对物业的服务不太满意。

806　物质　wùzhì　*n.*　matter, substance; material

空气是一种无色透明的物质。
如果你能谈成这笔生意，公司会给你丰厚（fēnghòu, rich and generous）的物质奖励。

807 误解 wùjiě

（1）*v.* misunderstand
引起误解；造成误解
你经常误解我的意思。
这句话很容易使人误解。
（2）*n.* misunderstanding
对……有误解
很多人对做生意有误解。
"人只要有很多钱就会幸福"，这是一种很大的误解。

808 西红柿 xīhóngshì *n.* tomato

西红柿的营养非常丰富。
西红柿炒鸡蛋很受孩子们的欢迎。

809 西装 xīzhuāng *n.* Western-style clothes, suit

爸爸穿上这套西装，显得更帅了。
他每次接受采访都会穿上正式的西装。

810 喜剧 xǐjù *n.* comedy

这是一部喜剧电影。
他更喜欢扮演喜剧角色。

811 戏 xì *n.* drama, play, show

她戏演得非常好。
这部戏的情节很复杂。

812 戏剧 xìjù *n.* drama, play

爱丽毕业于上海戏剧学院。
他的每一出戏剧都围绕着同一个主题——爱。

813 吓 xià *v.* frighten, scare, intimidate

你把我吓坏了。
我只是吓吓他，不会真打他。

814 先后 xiānhòu

（1）*n.* sequence, order
办事情要有先后顺序，着急的事先办。
下面公布获得一等奖的学生名单，排名不分先后。
（2）*adv.* successively, one after another
假期里，我先后读了四本小说。
这几个国家先后进行了教育改革。

815 先前 xiānqián *n.* previously, before

我们学校现在的条件比先前好多了。
在我看来，你先前的工作一点儿都不好。

816　鲜艳　　xiānyàn　　adj.　　bright-colored

这些花朵的颜色是那么鲜艳。
儿童大都喜欢鲜艳的色彩和活泼的动画（dònghuà，animation）。

817　闲　　xián　　adj.　　not busy; unoccupied

他的工作一般是半个月忙半个月闲。
我这儿有个房子闲着，你可以来住。

818　显　　xiǎn　　v.　　show, seem, appear

他今天显得特别兴奋。
他显出一副很为难的样子。

819　现有　　xiànyǒu　　available, existing

在现有条件下，这件事很难办成。
我们要不断学习，不能只停留在现有的水平上。

820　现状　　xiànzhuàng　　n.　　current situation, status quo

改变现状；调查现状
希望你在工作上能保持现状。
这篇文章介绍了中国航天技术的发展现状。

◎ 速练　Quick practice

一、先根据词语写拼音，再将词语和正确的英文释义连起来
Write Pinyin according to the words, and then match the words with the correct English definitions.

1. 西红柿 _____　　A. frighten, scare, intimidate

2. 闲 _____　　B. Western-style clothes, suit

3. 显 _____　　C. have no choice (but to do sth.), be helpless; unfortunately, but

4. 吓 _____　　D. not busy; unoccupied

5. 鲜艳 _____　　E. tomato

6. 无奈 _____　　F. drama, play

7. 西装 _____　　G. show, seem, appear

8. 戏剧 _____　　H. bright-colored

二、选择合适的词语填空　Choose the right words and fill in the blanks.

（一）　A. 无奈　　B. 物质　　C. 戏　　D. 鲜艳　　E. 无疑

1. 我很怀念我们一起拍的那场____。

2. 这件衣服的颜色太____了，不适合你。

3. 作为商人，他____是成功的；但作为父亲，他不太合格。

4. 这些都为中国经济的发展提供了____条件。

5. 火车在路上出了问题，一直也不动，车上的人都很____。

（二）　　A. 误解　　　B. 戏剧　　　C. 闷　　　D. 显　　　E. 西红柿

1. 你要是____得难受，就去跑步。

2. 他在院子里种了一些____。

3. 学生时代，他没有____出什么特殊的才能。

4. 张老师对中国传统____很有研究。

5. 老师____了小红，小红哭了起来。

（三）　　A. 吓　　　B. 舞　　　C. 现有　　　D. 西装　　　E. 先后

1. 你想学哪种____？

2. 运动员入场（rù//chǎng, enter）的____顺序已经安排好了。

3. 哥哥穿着一套黑色的____。

4. 一到晚上，他就____得不敢出去。

5. ____的条件不允许我们扩大生产规模。

（四）　　A. 物价　　　B. 物业　　　C. 喜剧　　　D. 先前　　　E. 现状

1. ____最近几年没怎么涨。

2. 她是一名____演员。

3. 虽然工作比较忙，但一个月下来钱不少，他对自己的____很满意。

4. 他在一家____服务公司工作。

5. 他已经忘了自己____说过的话。

三、选择合适的词语完成句子　Choose the right words to complete the sentences.

1. 相互信任____是友情（yǒuqíng, friendship）的基础。

　　A. 无法　　　B. 无疑　　　C. 无限　　　D. 无奈

2. 有些父母无条件地满足孩子的____要求。

　　A. 物质　　　B. 物价　　　C. 物业　　　D. 事物

3. 小李和小王____离开了公司。

　　A. 以前　　　B. 先前　　　C. 先后　　　D. 以后

175

4. 公司的发展不应满足____，要不断制订新的目标。

   A. 现象　　　　B. 现状　　　　C. 现实　　　　D. 现有

5. 你们俩的矛盾还是请老师来____吧。

   A. 误解　　　　B. 分解　　　　C. 理解　　　　D. 调解

第 42 单元　Unit 42

◎ 目标词语　Target words

821. 线索	822. 献	823. 乡	824. 乡村	825. 相等
826. 相应	827. 香肠	828. 详细	829. 享受	830. 向导
831. 向前	832. 向上	833. 相声	834. 象征	835. 消除
836. 消毒	837. 消防	838. 消费者	839. 消极	840. 小偷儿

◎ 速记　Quick memory

821　线索　xiànsuǒ　*n.*　clue, thread

寻找<u>线索</u>；提供<u>线索</u>；发现<u>线索</u>
我们现在什么<u>线索</u>都没有。
警察根据现有的<u>线索</u>很快找到了那个小偷儿。

822　献　xiàn　*v.*　offer, present

孩子们正在给今天的演员<u>献</u>花。
今天的文艺晚会将有10支队伍登台<u>献</u>舞。

823　乡　xiāng　*n.*　countryside; township (a rural administrative unit under the county); native place, home village

中国的城<u>乡</u>差距正在一步步缩小。
这个<u>乡</u>有2万多人。
他一毕业就回<u>乡</u>工作了。

824　乡村　xiāngcūn　*n.*　village, countryside

<u>乡村</u>生活；<u>乡村</u>教师
<u>乡村</u>的夜晚非常宁静。
这本小说以<u>乡村</u>人民的生活为中心。

825　相等　xiāngděng　*v.*　equal, be equal to

距离<u>相等</u>；机会<u>相等</u>
这个班男生和女生的人数<u>相等</u>。
对每个同学来说，考试的时间是<u>相等</u>的。

826　相应　xiāngyìng　*v.*　correspond, accord, be relevant (to)

<u>相应</u>的变化；前后<u>相应</u>
如果成本增加，价格就会<u>相应</u>上涨。
社会发展了，教育方式也要<u>相应</u>改变。

827　香肠　xiāngcháng　*n.*　sausage

妈妈给小明夹了两根<u>香肠</u>。

一到春节前后，他家的阳台上就挂满了香肠。

828 详细　xiángxì　adj.　detailed

他的旅行计划做得非常详细。
小王详细地解释了事情的经过。

829 享受　xiǎngshòu

（1）v.　enjoy
他很享受现在的生活。
在生活中要学会享受：享受工作的快乐，享受家庭的温暖，享受一个人的时间。
（2）n.　enjoyment, pleasure
精神享受
他非常追求物质享受。
听他唱歌是一种享受。

830 向导　xiàngdǎo　n.　guide

登山队请了一个当地人做向导。
在向导的带领下，我们顺利地考察了这个地区。

831 向前　xiàng qián　move forward, go ahead

自信给了我不断向前的勇气。
中国的经济一直以较高的速度向前发展。

832 向上　xiàngshàng　v.　keep improving oneself, be upbeat

读这本书总是能给我积极向上的力量。
这部电影健康向上，很适合给孩子看。

833 相声　xiàngsheng　n.　comic dialog, crosstalk

他们俩正在台上说相声。
这段相声非常幽默，观众们听得哈哈大笑。

834 象征　xiàngzhēng

（1）v.　symbolize, signify, stand for
玫瑰（méigui, rose）花象征爱情。
在一些人的眼中，数字"8"象征着财富。
（2）n.　symbol, emblem, token
长城是中国的象征。
在中国古代，龙是皇帝（huángdì, emperor）的象征。

835 消除　xiāochú　v.　eliminate, remove

消除误会；消除影响
这样做不能从根本上消除矛盾。
在生产中，要按规定检查，以及时消除安全风险。

836 消毒　xiāo//dú　disinfect, sterilize

毛巾消毒；碗筷消毒
空气中到处都是消毒水的味道。
这个房间已经消过毒了。

837 消防　　xiāofáng　　*v.*　　fight/prevent fires, bring fire under control

你这样做严重违反了消防安全规定。
他积极参加消防演习（yǎnxí, exercise）活动。

838 消费者　　xiāofèizhě　　*n.*　　consumer, customer

今天购买新产品的消费者都会获得一份礼物。
随着科技和经济的发展，消费者能享受到的服务越来越多。

839 消极　　xiāojí　　*adj.*　　negative; passive

一定要把这件事的消极影响降到最低。
面对困难，我们不能消极等待，要积极想办法。

840 小偷儿　　xiǎotōur　　*n.*　　thief

我在这部戏里演一个小偷儿。
他大声喊"抓小偷儿"，其实他才是小偷儿。

◎ 速练　Quick practice

一、先根据词语写拼音，再将词语和正确的英文释义连起来
Write Pinyin according to the words, and then match the words with the correct English definitions.

1. 相声 _____　　A. sausage
2. 详细 _____　　B. consumer, customer
3. 香肠 _____　　C. comic dialog, crosstalk
4. 献 _____　　　D. detailed
5. 消毒 _____　　E. symbolize, signify, stand for; symbol, emblem, token
6. 线索 _____　　F. offer, present
7. 消费者 _____　　G. disinfect, sterilize
8. 象征 _____　　H. clue, thread

二、选择合适的词语填空　Choose the right words and fill in the blanks.

（一）　A. 线索　　B. 相应　　C. 向前　　D. 消毒　　E. 献

1. 妈妈正在给碗筷高温____。
2. 我要把这首歌____给妈妈。
3. 环境改变了，工作方法也要____地改变。
4. 班长领着大家____走。
5. 他给警察提供了一个新的____。

（二） A.香肠　　　B.乡　　　C.消防　　　D.向上　　　E.详细

1. 这座楼的____设施齐全，符合国家规定。

2. 关于这次活动，我已经做了____的记录。

3. 城____差别正在逐渐缩小。

4. 妈妈把____放在了袋子里。

5. 我很喜欢公司的这种____的环境。

（三） A.消费者　　　B.消除　　　C.相声　　　D.乡村　　　E.享受

1. 听他唱歌是一种____。

2. ____对产品质量的要求越来越高。

3. 九月的____像一幅美丽的画儿。

4. 一定要尽量____这件事的影响。

5. ____是中国传统的艺术形式。

（四） A.象征　　　B.消极　　　C.相等　　　D.向导　　　E.小偷儿

1. 他的想法太____了，你要多劝劝他。

2. 他是一名可靠的____。

3. 它们分别____两种文化。

4. 警察抓住了那个____。

5. 上下两句诗的字数一定要____。

三、选择合适的词语完成句子　Choose the right words to complete the sentences.

1. 通过课后复习来达到____知识的目的。

　　A. 消毒　　　　B. 消防　　　　C. 消除　　　　D. 消化

2. 中国的经济飞速____发展。

　　A. 向上　　　　B. 向前　　　　C. 向导　　　　D. 向

3. 虽然他的工资很高，但是____的工作压力也很大。

　　A. 承受　　　　B. 感受　　　　C. 享受　　　　D. 忍受

4. 社会环境不同了，新闻的报道方式也要____做出改变。

　　A. 相似　　　　B. 相等　　　　C. 相应　　　　D. 相关

5. 小王工作态度____，工作表现突出。

　　A. 消极　　　　B. 积极　　　　C. 勤奋　　　　D. 努力

第43单元　Unit 43

◎ 目标词语　Target words

841. 歇	842. 协议	843. 协议书	844. 斜	845. 心态
846. 心疼	847. 辛苦	848. 欣赏	849. 信念	850. 信箱
851. 行驶	852. 形态	853. 性能	854. 雄伟	855. 熊
856. 休闲	857. 修复	858. 修建	859. 修养	860. 虚心

◎ 速记　Quick memory

841　歇　xiē　v.　have a rest; stop (work, etc.)

爷爷年纪大了,走几步就得歇一歇。
春节期间,我们公司歇业7天。

842　协议　xiéyì

（1）v.　arrive at an agreement through consultation, agree
双方协议,延长比赛时间。
经过协议,他们决定离婚。
（2）n.　agreement
他们之间达成了一个协议。
你在签订实习协议时,一定要看清楚协议上的各项内容。

843　协议书　xiéyìshū　n.　protocol, (written) agreement

这是一份租房协议书。
这两家公司签订了投资协议书。

844　斜　xié　adj.　inclined, oblique, slanting

他斜靠在沙发上。
老师在黑板上画了一条斜线。

845　心态　xīntài　n.　psychology, state of mind

他的心态很消极,你多劝劝他。
队员们正在调整心态,争取在比赛中获得好成绩。

846　心疼　xīnténg　v.　love dearly; be distressed, grudge

孩子生病的样子让妈妈十分心疼。
给妈妈花多少钱,我都不会心疼。

847　辛苦　xīnkǔ

（1）adj.　hard, laborious
这是一份十分辛苦的工作。
这位老工人辛苦地工作了30多年。

（2）v. (a polite formula) trouble (sb.), count on (sb.)
这件事别人都做不了，只有辛苦你了。
我这段时间工作忙，家里的事辛苦你了。

848 **欣赏** xīnshǎng v. appreciate, enjoy; like, admire

老师教我们怎样欣赏诗歌。
我们老板很欣赏小王。

849 **信念** xìnniàn n. faith, belief

不要放弃你的信念，坚持下去！
有信念不一定成功，但没有信念一定会失败。

850 **信箱** xìnxiāng n. mailbox, postbox

你的信箱里有几封信。
这个信箱已经有200年的历史了。

851 **行驶** xíngshǐ v. (of a vehicle, ship, etc.) go, drive, travel

电脑会帮助我们设计行驶路线。
这辆汽车本月行驶了4000公里。

852 **形态** xíngtài n. form, shape, pattern

海里有很多形态奇怪的动植物。
天上的云形态不同，什么样子的都有。

853 **性能** xìngnéng n. (of a machine, an appliance, object, etc.) function, performance

你对新车的性能满意吗？
我们公司最新开发了一种高性能计算机。

854 **雄伟** xióngwěi adj. grand, imposing, magnificent

这是一座雄伟的历史建筑。
山是大地的一部分，往往高大雄伟。

855 **熊** xióng n. bear

北极熊全身雪白。
那头熊又回到森林里去了。

856 **休闲** xiūxián v. be not working, have leisure

休闲活动
中国人对休闲食品的需求越来越大。
公园成为人们休闲时的好去处（qùchù，place to go）。

857 **修复** xiūfù v. repair, restore, renovate

修复古建筑
我们之间的关系很难修复。
工人们正在抓紧时间修复这条铁路。

858 **修建** xiūjiàn　*v.*　construct, build

　　修建铁路；修建机场
　　学校正在修建新的教学楼。
　　北京修建了二十几条地铁。

859 **修养** xiūyǎng　*n.*　accomplishment; self-cultivation

　　他很想提高自己的文学修养。
　　谈话的内容表现出了他良好的个人修养。

860 **虚心** xūxīn　*adj.*　open-minded, modest

　　班长能够虚心接受同学们的意见。
　　只有虚心向别人学习和请教，才能使自己不断地进步。

◎ **速练**　Quick practice

一、先根据词语写拼音，再将词语和正确的英文释义连起来
Write Pinyin according to the words, and then match the words with the correct English definitions.

1. 辛苦 _____　　A. appreciate, enjoy; like, admire

2. 雄伟 _____　　B. inclined, oblique, slanting

3. 休闲 _____　　C. bear

4. 协议 _____　　D. open-minded, modest

5. 斜 _____　　E. hard, laborious; (*a polite formula*) trouble (sb.), count on (sb.)

6. 欣赏 _____　　F. grand, imposing, magnificent

7. 虚心 _____　　G. be not working, have leisure

8. 熊 _____　　H. arrive at an agreement through consultation, agree; agreement

二、选择合适的词语填空　Choose the right words and fill in the blanks.

（一）　A. 歇　　B. 心疼　　C. 行驶　　D. 休闲　　E. 协议

1. 发生事故时，您在哪个车道（chēdào, lane）上____？

2. 这里的____生活很丰富。

3. 王明还没在离婚____上签字。

4. 这里凉快，坐下来____会儿。

5. 把这些衣服都扔了，你不____吗？

（二）　A. 辛苦　　B. 形态　　C. 修复　　D. 协议书　　E. 雄伟

1. 他____了很多名画儿。

2. ____的长城是中国的象征。

3. 他带来了已经写好的____。

4. 这些石头的____千奇百怪，我在别的地方从来没见过。

5. 妈妈上了一天班已经很____了，回家以后还要做家务。

（三）　　A.性能　　B.修建　　C.斜　　D.信念　　E.欣赏

1. 我____着周围美丽的景色。

2. 我们有一个____：明天会更好。

3. 为了方便附近的孩子上学，这里将要____一所学校。

4. 学校的____对面有一家银行。

5. 这一研究成果大大改进了飞机的飞行____。

（四）　　A.修养　　B.心态　　C.信箱　　D.熊　　E.虚心

1. 孩子今天在动物园里见到了____。

2. 他____地请教了有经验的老师傅，很快就解决了问题。

3. 把座位让给更需要的人是最基本的____。

4. 他____乐观，生活态度积极。

5. 电子____极大地方便了人们的沟通。

三、选择合适的词语完成句子　Choose the right words to complete the sentences.

1. 我们要学会用积极的____面对生活。
   A.心中　　　　B.心疼　　　　C.心理　　　　D.心态

2. 只有当诚信变成企业的____，这个企业才能走向成功。
   A.信箱　　　　B.信念　　　　C.信心　　　　D.信号

3. 我做了很多努力来____我和她之间的关系。
   A.修养　　　　B.修建　　　　C.修复　　　　D.修理

4. 京剧是中国传统的艺术____。
   A.形式　　　　B.形势　　　　C.形象　　　　D.形状

5. 这个牌子的冰箱具有比同类产品更好的____。
   A.性别　　　　B.性能　　　　C.性格　　　　D.性质

第44单元　Unit 44

◎ 目标词语　Target words

861. 许可	862. 选修	863. 学科	864. 学位	865. 学者
866. 寻求	867. 询问	868. 押金	869. 鸭子	870. 亚军
871. 延伸	872. 严厉	873. 严肃	874. 言语	875. 研究所
876. 眼光	877. 邀请	878. 摇头	879. 咬	880. 也好

◎ 速记　Quick memory

861　许可　xǔkě　*v.*　permit, allow

这种新药还没在中国获得生产许可。
没有政府的许可，你不能在这里拍摄。

862　选修　xuǎnxiū　*v.*　take as an elective course

选修课
我想选修一门语言课。
为了更多地了解中国文化，马克决定选修中国传统建筑。

863　学科　xuékē　*n.*　course, subject, discipline

历史是我最喜欢的学科。
他被认为是这门学科的专家。

864　学位　xuéwèi　*n.*　academic degree

他大学毕业时没有获得学位。
我哥哥获得了北京大学的文学硕士学位。

865　学者　xuézhě　*n.*　scholar, learned person

他是一位受尊敬的学者。
这家图书馆吸引了多名学者和研究人员。

866　寻求　xúnqiú　*v.*　seek, pursue

寻求知识；寻求发展
李明向家人寻求帮助和支持。
我们一直在寻求解决问题的办法。

867　询问　xúnwèn　*v.*　ask, inquire

耐心询问
班长会询问每个人的意见。
张老师询问了小明的家庭情况。

868　押金　yājīn　*n.*　cash pledge, deposit

医院要求病人先支付押金才能住院。

办理公交卡需要交10块钱押金，退卡时退押金。

869 鸭子　　yāzi　　n.　　duck

这些都是给鸭子吃的。
有几只鸭子在河边的草地上找吃的。

870 亚军　　yàjūn　　n.　　second place, silver medal winner

这次比赛的亚军将获得1万元奖金。
她在800米跑步比赛中获得了亚军。

871 延伸　　yánshēn　　v.　　extend, stretch

这条路一直延伸到森林深处。
这条河在这里转弯，向南继续延伸。

872 严厉　　yánlì　　adj.　　stern, severe

态度严厉；严厉批评
她对自己的孩子很严厉。
违反比赛规则的运动员将受到严厉处罚。

873 严肃　　yánsù

（1）adj.　　(of expression, atmosphere, etc.) serious, solemn; (of style, manner, etc.) strict, serious

他是一个很严肃的人，同事们都有点儿怕他。
学校将严肃处理违反考试纪律的学生。

（2）v.　　tighten up, straighten up

学校一定会严肃考试纪律。
这里是警察局，注意严肃你的态度！

874 言语　　yányǔ　　n.　　spoken language, speech

我无法用言语表达我的心情。
在孩子面前，父母要注意自己的言语和行为。

875 研究所　　yánjiūsuǒ　　n.　　research institute

林教授是数学研究所的负责人。
我爸爸在这家研究所做研究员。

876 眼光　　yǎnguāng　　n.　　eyes, gaze; vision, taste; view

大家的眼光都集中在了他身上。
你的眼光不错，选的书都很值得读。
时代在变化，要用发展的眼光看问题。

877 邀请　　yāoqǐng

（1）v.　　invite

邀请客人；邀请朋友
她邀请我去她家喝咖啡。
这次的会议邀请了多位著名学者。

（2）n.　　invitation

姐姐拒绝了王明的邀请。

玛丽接受了电视台的邀请，将在晚会上表演节目。

878 **摇头** yáo//tóu　　shake one's head

在有些国家，人们以摇头表示同意，点头表示不同意。
他摇了摇头，表示反对。

879 **咬** yǎo　　v.　　bite

我被小猫咬了一口。
他有咬手指的坏习惯。

880 **也好** yěhǎo　　pt.　　used to indicate tolerance/resignation; whether... or...

不买也好，可以省钱。
愿意也好，不愿意也好，你都得接受这个安排。

◎ 速练　Quick practice

一、先根据词语写拼音，再将词语和正确的英文释义连起来
Write Pinyin according to the words, and then match the words with the correct English definitions.

1. 鸭子 ＿＿＿＿＿＿　　A. take as an elective course

2. 学科 ＿＿＿＿＿＿　　B. bite

3. 选修 ＿＿＿＿＿＿　　C. second place, silver medal winner

4. 延伸 ＿＿＿＿＿＿　　D. research institute

5. 押金 ＿＿＿＿＿＿　　E. duck

6. 咬 ＿＿＿＿＿＿　　F. extend, stretch

7. 研究所 ＿＿＿＿＿＿　　G. course, subject, discipline

8. 亚军 ＿＿＿＿＿＿　　H. cash pledge, deposit

二、选择合适的词语填空　Choose the right words and fill in the blanks.

（一）　　A. 许可　　B. 寻求　　C. 眼光　　D. 延伸　　E. 选修

1. 请你用专业的＿＿来看这件事。

2. 我们班大部分同学＿＿了中文。

3. 这条铁路一直＿＿到中国南部。

4. 张老师一直在＿＿一种更有效的教学法。

5. 上课时，学生只有得到老师的＿＿才能离开教室。

（二）　　A. 询问　　B. 学科　　C. 邀请　　D. 押金　　E. 严厉

1. 王明经常＿＿我去他家玩儿。

2. 小明的父母对他进行了____的批评。

3. 李老师写的书对我们了解这门____很有帮助。

4. 妈妈向张老师____我在学校的情况。

5. 这 500 块钱是我租房时付的____。

（三）　　A. 严肃　　B. 摇头　　C. 学位　　D. 鸭子　　E. 言语

1. 你别____啊，还是和我们一起去吧。

2. 有几只____在河面上游来游去。

3. ____有时比刀子还厉害。

4. 他们非常____但又很有礼貌地和我谈话。

5. 他花了五年时间才拿到博士____。

（四）　　A. 咬　　B. 学者　　C. 亚军　　D. 研究所　　E. 也好

1. 我们明天要参观一个著名的____。

2. 不去比赛____，就在家里专心准备考试吧。

3. 有越来越多的____开始关注这个问题。

4. 别过去，那只狗会____你的！

5. 他连续四年获得游泳比赛的____。

三、选择合适的词语完成句子　　Choose the right words to complete the sentences.

1. 你真有____，挑的家具都很有特色。
　　A. 风光　　　　B. 眼光　　　　C. 目光　　　　D. 时光

2. 这所大学拥有一批知名____，他们在学术上取得了很大的成就。
　　A. 读者　　　　B. 消费者　　　C. 学者　　　　D. 记者

3. 学生们都围在张老师旁边，向她____。
　　A. 疑问　　　　B. 访问　　　　C. 提问　　　　D. 顾问

4. 这是一件很____的事，我们要认真对待。
　　A. 严肃　　　　B. 严格　　　　C. 严厉　　　　D. 严

5. 你为什么不____父母的意见呢？
　　A. 需求　　　　B. 追求　　　　C. 寻求　　　　D. 征求

第45单元　Unit 45

◎ 目标词语　Target words

881. 业务	882. 夜间	883. 一流	884. 依法	885. 依旧
886. 依据	887. 依照	888. 一辈子	889. 一带	890. 一旦
891. 一句话	892. 一路	893. 一下儿	894. 一下子	895. 一向
896. 乙	897. 以便	898. 以往	899. 一口气	900. 一身

◎ 速记　Quick memory

881 **业务**　yèwù　*n.*　vocational work, business

业务能力；业务水平；业务范围；业务学习；懂业务
她刚来，还不太熟悉公司的业务。
我认识他是因为我们在业务上有一些联系。

882 **夜间**　yèjiān　*n.*　(at) night

昨天夜间下了大雪。
这里夜间的气温只有20度左右。

883 **一流**　yīliú

（1）*n.*　(of) the same kind/sort
他是属于新派一流的人物。
谈了几分钟我就知道他是老张一流的人。
（2）*adj.*　first-class, top-notch
他们在北京住的是一流酒店。
他的演唱水平在国际上也是一流的。

884 **依法**　yīfǎ　*adv.*　according to the law

这座房屋依法当归老李家所有。
我们将依法处理企业的污染问题。

885 **依旧**　yījiù

（1）*v.*　be the same as before
二十年过去了，她人依旧，歌依旧。
不管外界发生了多么大的变化，这个村子里的人们生活依旧。
（2）*adv.*　still
她依旧怀念在农村生活的时光。
别人都走了，他依旧坐在那里看书。

886 **依据**　yījù

（1）*v.*　take as the basis, base on
依据事实；依据规定；依据法规

你这样说依据什么?
报告里依据的这些不准确信息给我们的工作带来了一些麻烦。
(2) n.　basis
你说这话，有什么依据?
你只要能拿出一条依据，我就相信你说的。

887　依照　yīzhào

(1) v.　act in accordance with, go by
可以依照不同的标准对这些植物进行分类。
依照相关法规，我们对你做出罚款1000元的决定。
(2) prep.　according to
我们依照他的提示找到了答案。
别怪他，他也只是依照规定办事。

888　一辈子　yíbèizi　n.　all one's life, lifetime

爷爷在农村生活了一辈子。
李老师做了一辈子的语言研究工作。

889　一带　yídài　n.　area around a particular place

我对这一带特别熟悉。
明天黄河下游[xiàyóu, lower reaches (of a river)]一带将有大雨。

890　一旦　yídàn

(1) n.　(in) a single day
多年的努力毁(huǐ, destroy)于一旦，我怎么能不难过。
(2) adv.　some day, once
一旦修好这条路，我们的农产品就能销往各大城市。
现在的大楼建得那么高，一旦发生火灾，人怎么跑得出去?

891　一句话　yí jù huà　a word, in a word

一句话，你去还是不去?
她生气了，一句话也不说。

892　一路　yílù

(1) n.　all the way; (of) the same kind
这孩子不想离开家，一路都在哭。
我们不是一路人，还是分手吧。
(2) adv.　go the same way, together; continuously
下课后，我们一路走吧。
这几个月，国际粮食价格一路上涨。

893　一下儿　yíxiàr　adv.　in a short while; all of a sudden

天气一下儿冷，一下儿热，真讨厌。
来电了，灯一下儿亮了。

894　一下子　yíxiàzi　adv.　suddenly, all at once

天一下子变阴了。

昨天还记得很清楚，但是考试的时候却<u>一下子</u>全忘了。

895 **一向** yíxiàng *adv.* all along

我老婆<u>一向</u>不喜欢吃鸡蛋。
他<u>一向</u>反对孩子玩儿游戏。

896 **乙** yǐ *n.* second of the ten Heavenly Stems

我在甲班，他在<u>乙</u>班。
这次考试，他的成绩是<u>乙</u>等。

897 **以便** yǐbiàn *conj.* so that, in order to

她不到6点就出门了，<u>以便</u>能赶上第一班公共汽车。
你得搬走所有的家具，<u>以便</u>师傅对这个房间进行维修。

898 **以往** yǐwǎng *n.* before, in the past

你<u>以往</u>不抽烟的，怎么现在也开始抽了呢？
<u>以往</u>他要看别人的脸色，现在别人要看他的脸色。

899 **一口气** yìkǒuqì *adv.* in one breath, without a break

他实在是太渴了，<u>一口气</u>喝完了那一大瓶水。
他觉得这本书太有意思了，就<u>一口气</u>读完了。

900 **一身** yìshēn *n.* all over the body; single person

他平时健身，<u>一身</u>是劲儿。
他独自<u>一身</u>，一直没结婚。

◎ 速练　Quick practice

一、先根据词语写拼音，再将词语和正确的英文释义连起来
Write Pinyin according to the words, and then match the words with the correct English definitions.

1. 依据 _____　　A. so that, in order to

2. 一旦 _____　　B. all along

3. 以便 _____　　C. (in) a single day; some day, once

4. 一向 _____　　D. (of) the same kind/sort; first-class, top-notch

5. 依旧 _____　　E. take as the basis, base on; basis

6. 业务 _____　　F. be the same as before; still

7. 夜间 _____　　G. (at) night

8. 一流 _____　　H. vocational work, business

二、选择合适的词语填空 Choose the right words and fill in the blanks.

（一）　　A.业务　　　B.依据　　　C.一句话　　　D.乙　　　E.夜间

1. 他难过是因为期末数学考试只得了一个____。

2. 他不仅工作认真负责，而且____能力也很强。

3. ____开车特别累眼睛。

4. 他们这样做，____的是上次会议提出的意见。

5. 这儿太吵了，我____也听不清。

（二）　　A.依照　　　B.一路　　　C.以便　　　D.一流　　　E.一辈子

1. 幼儿园的桌椅都矮矮的，____孩子们使用。

2. 这几天土豆的价格____上涨。

3. 他觉得自己很幸运，因为能够跟着____的科学家做研究。

4. 我已经____你的要求准备好了所有会议资料。

5. 我____都忘不了那个画面。

（三）　　A.一下儿　　B.以往　　　C.依法　　　D.一带　　　E.一口气

1. 警察____处罚了这名司机。

2. 老李____从山脚下爬到了山顶。

3. 看到有人进来了，他____关上了电脑。

4. 他在这儿生活了多年，这____的每家每户他都认识。

5. 今年下的雨比____都多。

（四）　　A.一下子　　B.依旧　　　C.一旦　　　D.一向　　　E.一身

1. 听到这个消息后，他们____全逃走了。

2. 这么多年过去了，他____背着那个洗得发白了的书包。

3. 孩子的学习____是他最关心的事情。

4. 他____喜欢上一个人，就会喜欢一辈子。

5. 母亲年纪大了，____是病，我们得好好照顾她。

三、选择合适的词语完成句子 Choose the right words to complete the sentences.

1. 公司派他们去国外市场发展新的____。

　　A.服务　　　　B.商务　　　　C.义务　　　　D.业务

2. 他的研究成果为我们的设计方案提供了科学____。

   A. 依法　　　　B. 依照　　　　C. 依旧　　　　D. 依据

3. 李老师____主张让学生多阅读，扩大知识面。

   A. 一带　　　　B. 一路　　　　C. 一向　　　　D. 一旦

4. 我的帽子____被风刮跑了。

   A. 一辈子　　　B. 一下子　　　C. 一口气　　　D. 一句话

5. 为了____接送孩子，他买了一辆电动车。

   A. 便于　　　　B. 以往　　　　C. 以便　　　　D. 往往

第46单元　Unit 46

◎ 目标词语　Target words

901. 意识	902. 意味着	903. 意志	904. 因而	905. 饮料
906. 饮食	907. 印刷	908. 应	909. 硬	910. 硬件
911. 拥抱	912. 拥有	913. 用不着	914. 用户	915. 用来
916. 用于	917. 优惠	918. 优先	919. 幽默	920. 尤其

◎ 速记　Quick memory

901　意识　yì·shí

（1）*n.*　consciousness
他慢慢地恢复了意识。
人死了自然就没有意识了。
（2）*v.*　be aware of, realize
他意识到了自己的错误。
你还没有意识到问题的严重性吗？

902　意味着　yìwèizhe　*v.*　signify, mean

成绩好不一定意味着能力强。
他这么说意味着他不想让你去。

903　意志　yìzhì　*n.*　will, volition

考验意志
他是一个意志非常坚定的人。
这一个月的集中训练是为了锻炼大家的意志。

904　因而　yīn'ér　*conj.*　therefore, thus

他是一个非常诚实的人，因而他说的话是可以相信的。
他主动承认了自己的错误，因而我们就不再批评他了。

905　饮料　yǐnliào　*n.*　beverage

服务员，请给我来一杯饮料。
你想喝什么饮料？咖啡还是茶？

906　饮食　yǐnshí　*n.*　food and drink, diet

讲究饮食；控制饮食
医生要求我严格控制饮食。
爷爷的身体特别健康，因为他在饮食上非常讲究。

907　印刷　yìnshuā　*v.*　print

这本书是2018年印刷的。
今天的报纸只印刷了2000份。

908 应　　yìng　　v.　　answer, reply; meet (a request), accept

叫了你半天了，你怎么也不应一声呢？
他应李市长的邀请，出席了今天的会议。

909 硬　　yìng

（1）adj.　　hard; strong, firm; rigid, inflexible
这种木头特别硬，适合做家具。
都到这个时候了，你还嘴硬！
我们是一支能力强、素质硬的队伍，能克服任何困难。
今年的利润必须达到200万，这是公司给我们下的硬任务。
（2）adv.　　mechanically; *used to indicate willfulness*
要发展中国的经济，硬搬国外的经验是不行的。
不让他去，他硬要去，真是没办法。

910 硬件　　yìngjiàn　　n.　　hardware; infrastructure

一台好的计算机不仅要有好的硬件，软件也要好。
我们学校的硬件设施非常好。

911 拥抱　　yōngbào　　v.　　hug, embrace

她紧紧拥抱着父亲。
比赛胜利以后，他们激动地拥抱在一起。

912 拥有　　yōngyǒu　　v.　　have, own, possess

他们俩共同拥有这家公司。
他虽然拥有大量的财富，却一点儿也不幸福。

913 用不着　　yòngbuzháo　　v.　　not need

天暖和了，把用不着的衣服收起来吧。
其实你用不着等我的，我可以打车回家。

914 用户　　yònghù　　n.　　user

我们应该永远把用户的需求放在第一位。
现在使用他们公司产品的用户已经达到了2000万人。

915 用来　　yònglái　　be used for

这个房间是用来存放粮食的。
他买了一台新电脑，专门用来打游戏。

916 用于　　yòngyú　　be used for, be spent on

这只小狗将用于他们的一个实验。
他每个月的工资一部分用于家庭消费，一部分用于投资。

917 优惠　　yōuhuì　　adj.　　preferential

我们提出了一些优惠条件，但是他没有答应。
如果您真的想要，我可以按最低优惠价卖给您。

918 **优先** yōuxiān v. have priority

门上写着四个字——女士优先。
在总分一样的情况下,优先录取语文分数更高的学生。

919 **幽默** yōumò adj. humorous

老李是一个非常幽默的人。
大家都很喜欢他,因为他说话特别幽默。

920 **尤其** yóuqí adv. especially, particularly

好的学习习惯对孩子来说尤其重要。
我女儿喜欢吃水果,尤其喜欢吃香蕉。

◎ 速练 Quick practice

一、先根据词语写拼音,再将词语和正确的英文释义连起来
Write Pinyin according to the words, and then match the words with the correct English definitions.

1. 意识 ＿＿＿＿＿＿   A. therefore, thus

2. 因而 ＿＿＿＿＿＿   B. consciousness; be aware of, realize

3. 饮食 ＿＿＿＿＿＿   C. print

4. 印刷 ＿＿＿＿＿＿   D. preferential

5. 硬件 ＿＿＿＿＿＿   E. hug, embrace

6. 拥抱 ＿＿＿＿＿＿   F. food and drink, diet

7. 幽默 ＿＿＿＿＿＿   G. hardware; infrastructure

8. 优惠 ＿＿＿＿＿＿   H. humorous

二、选择合适的词语填空 Choose the right words and fill in the blanks.

(一) A. 意识 B. 饮食 C. 拥抱 D. 用于 E. 意味着

1. 这种药也可＿＿＿缓解头疼。

2. 直到失去了她,他才＿＿＿到以前的生活有多么幸福。

3. 她没有回答,这就＿＿＿她拒绝了。

4. 中国的＿＿＿文化和西方的不一样。

5. 让我们一起＿＿＿美好的未来!

(二) A. 印刷 B. 拥有 C. 优惠 D. 意志 E. 应

1. 这个国家为外国投资者提供了许多＿＿＿待遇。

2. 自然规律是不以人的＿＿＿为转移的。

3. 我希望能和他一样____一个幸福的家庭。

4. 我不记得曾____过他这件事。

5. 中国古代的____技术世界领先。

（三）　　A. 用不着　　B. 优先　　C. 因而　　D. 硬　　E. 用户

1. 我们国家应该____发展工业。

2. 这里山高路弯，____更不好开车。

3. 他们接受了____的建议，改进了这台设备。

4. 现在在中国旅行，基本____带现金。

5. 他的心跟石头一样____。

（四）　　A. 幽默　　B. 饮料　　C. 硬件　　D. 用来　　E. 尤其

1. 妈妈不让女儿喝甜的____。

2. 这部小说写得太好了，____是最后一节。

3. ____故事很受同学们的欢迎。

4. 他成立了一个基金会，____帮助家庭困难的学生。

5. 这台电脑的毛病是出在____上的。

三、选择合适的词语完成句子　Choose the right words to complete the sentences.

1. 这次训练极其辛苦，最能考验大家的____。
   A. 意识　　　B. 意义　　　C. 意志　　　D. 意外

2. 爷爷虽然年龄大了，____记忆力却很好。
   A. 然而　　　B. 因而　　　C. 因为　　　D. 反而

3. 中国____丰富的水资源。
   A. 抱怨　　　B. 带有　　　C. 拥抱　　　D. 拥有

4. 敌人在数量上占绝对____。
   A. 优先　　　B. 优势　　　C. 优良　　　D. 优惠

5. 他把一生的时间都____历史研究。
   A. 用来　　　B. 用于　　　C. 用途　　　D. 用户

第47单元　Unit 47

◎ **目标词语　Target words**

921. 由此	922. 犹豫	923. 游泳池	924. 友谊	925. 有毒
926. 有害	927. 有力	928. 有利于	929. 有着	930. 羽毛球
931. 羽绒服	932. 雨水	933. 预备	934. 预期	935. 元旦
936. 园林	937. 原理	938. 原始	939. 原先	940. 原有

◎ **速记　Quick memory**

921 **由此**　yóu cǐ　from this, from here, therefrom

由此可见；由此说来
买了票的游客可以由此进入。
你的生日他都忘了，由此看来，他并不是太在乎你。

922 **犹豫**　yóuyù　*adj.*　hesitant

她想到要去那么热的地方旅行就有点儿犹豫。
他做事总是犹犹豫豫的，让人看着着急。

923 **游泳池**　yóuyǒngchí　*n.*　swimming pool

一到夏天，游泳池里就都是人。
这家酒店有一个很大的室内游泳池。

924 **友谊**　yǒuyì　*n.*　friendship

建立友谊；获得友谊；失去友谊
真正的友谊比黄金还宝贵。
他们在多年的合作中建立了深厚的友谊。

925 **有毒**　yǒu dú　poisonous, toxic

大家小心点儿，这片森林里的蛇是有毒的。
医生检查后认为，他肯定是吸入了某种有毒气体。

926 **有害**　yǒu hài　harmful

吸烟有害健康。
大量饮酒对身体有害。

927 **有力**　yǒulì　*adj.*　strong, powerful

有力的证据；有力的证明
这次战斗胜利是对敌人的一次有力的打击。
我们将采取更加有力的措施促进经济发展。

928 **有利于**　yǒulì yú　conducive to

潮湿的天气有利于这种植物生长。

人才的引进有利于高校的持续发展。

929 **有着** yǒuzhe v. have

中国是一个有着五千多年历史的文明古国。
他们俩虽然性格完全不同,却有着共同的兴趣爱好。

930 **羽毛球** yǔmáoqiú n. badminton

我女儿正在学习打羽毛球。
羽毛球运动在中国非常普及。

931 **羽绒服** yǔróngfú n. down jacket

妈妈在商场买了一件红色的羽绒服。
春天来了,我脱下了厚重的羽绒服,换上了春装。

932 **雨水** yǔshuǐ n. rainwater

今年雨水充足,植物长得很好。
下雨了,她没带伞,是一路跑回家的,衣服都被雨水打湿了。

933 **预备** yùbèi v. prepare

他们每个人都完成了预备训练。
我们已经为您预备好了去机场的车,您随时可以出发。

934 **预期** yùqī v. expect, anticipate

达到了预期的效果;实现了预期的目标;取得了预期的成绩;发挥了预期的作用
这批新书预期下周到学校。
生产这台设备的成本大大超出了我们的预期。

935 **元旦** Yuándàn n. New Year's Day

1月1日是新年的第一天,在中国叫元旦。
元旦是一个重要的节日,每年都会放一天假。

936 **园林** yuánlín n. (classical Chinese) garden

中国有许多著名的园林。
中国古代的园林艺术传播到了多个国家。

937 **原理** yuánlǐ n. principle

工作原理;数学原理;科学原理
这两台机器的工作原理是相同的。
老师耐心引导学生理解这个实验背后的科学原理。

938 **原始** yuánshǐ adj. original; primitive

原始记录;原始材料;原始资料;原始人;原始森林;原始武器
这里的人还保持着原始的生活方式。
这家博物馆保存着关于那次会议的原始资料。

939 **原先** yuánxiān n. former, original

原先的计划;原先的情况

这是他原先的想法，现在已经变了。
他原先住在农村，后来搬到市里去了。

940 原有　　yuányǒu　　original

出院后，他改变了原有的饮食习惯。
这里原有一棵大树，现在树已经不见了。

◎ 速练　Quick practice

一、先根据词语写拼音，再将词语和正确的英文释义连起来
Write Pinyin according to the words, and then match the words with the correct English definitions.

1. 犹豫 _____　　　　A. original; primitive

2. 预备 _____　　　　B. principle

3. 有利于 _____　　　　C. friendship

4. 有害 _____　　　　D. hesitant

5. 由此 _____　　　　E. conducive to

6. 友谊 _____　　　　F. harmful

7. 原始 _____　　　　G. prepare

8. 原理 _____　　　　H. from this, from here, therefrom

二、选择合适的词语填空　Choose the right words and fill in the blanks.

（一）　　A. 由此　　B. 有毒　　C. 有着　　D. 预备　　E. 犹豫

1. ____前进500米，就可到达公园入口。

2. 机会来了就要赶紧抓住它，不要____！

3. 在大自然中，有些动物和植物是____的。

4. 饭菜我们已经____好了，客人一到就可以开饭。

5. 他对自己的母校____深厚的感情。

（二）　　A. 有害　　B. 原有　　C. 预期　　D. 游泳池　　E. 有力

1. 房子里____的家具都已经搬走了。

2. 所有的参赛队员都取得了____的好成绩。

3. 他带儿子去学校里的____学游泳去了。

4. 他们把污水直接排入河中，这对生活在这里的动植物极其____。

5. 他收集的这些资料为我们现在的猜测提供了____的证据。

（三）　　A. 原始　　B. 元旦　　C. 友谊　　D. 有利于　　E. 雨水

1. 科学家考察后发现，这片____森林就是一个巨大的宝库（bǎokù, treasurehouse）。
2. ____那天，他回老家看望爷爷了。
3. 当地政府开出的优惠条件____中小企业的发展。
4. 让我们为两国间深厚的____干杯！
5. 这些花草树木喝饱了____后好像在使劲地长高。

（四）　　A. 园林　　B. 原理　　C. 羽绒服　　D. 原先　　E. 羽毛球

1. 他父母____不同意他们俩结婚。
2. 这座建筑的结构____并不复杂。
3. 他们尽情（jìnqíng, to one's heart's content）地欣赏着这里的____美景。
4. 他每周五晚上都要去体育馆打____。
5. 这件____质量很好，就是太贵了。

三、选择合适的词语完成句子　Choose the right words to complete the sentences.

1. 他在来的路上遇到了交通事故，____迟到了半个小时。
　　A. 由于　　　　B. 因为　　　　C. 因此　　　　D. 彼此
2. 这些不正规小工厂生产的食品对孩子的健康____。
　　A. 有毒　　　　B. 有害　　　　C. 有力　　　　D. 有利于
3. 明天我要去看一个老朋友，你帮我____一份礼物吧。
　　A. 预计　　　　B. 预期　　　　C. 预备　　　　D. 预防
4. 这份是____协议，你那份是后来修改过的。
　　A. 原理　　　　B. 原始　　　　C. 原先　　　　D. 原有
5. 真正的友谊不会____时间而改变。
　　A. 意味着　　　B. 有着　　　　C. 接着　　　　D. 随着

第48单元　Unit 48

◎ 目标词语　Target words

941. 远处	942. 怨	943. 愿	944. 约束	945. 月饼
946. 月球	947. 阅览室	948. 运	949. 运行	950. 灾
951. 灾害	952. 灾难	953. 灾区	954. 再次	955. 再也
956. 在场	957. 在内	958. 暂时	959. 暂停	960. 糟

◎ 速记　Quick memory

941　远处　yuǎnchù　*n.*　(in the) distance, somewhere faraway

远处开来一辆小汽车。
站在这座小山上可以看到远处的村子。

942　怨　yuàn　*v.*　blame, complain

这件事能怨我吗？
他总是怨这个、怨那个，就是不怨自己。

943　愿　yuàn　*v.*　be willing/ready; hope, wish

我劝了他很久，他还是不愿去。
愿你们每个人在这次考试中都能取得好成绩。

944　约束　yuēshù　*v.*　restrain, constrain

这份合同对双方都有约束力。
这个孩子这么调皮，你也不约束一下儿吗？

945　月饼　yuèbing　*n.*　moon cake

中秋节的时候，中国人会吃月饼。
他把最大的一块月饼拿给了爷爷。

946　月球　yuèqiú　*n.*　moon

月球是地球的卫星。
这是人类第一次登上月球。

947　阅览室　yuèlǎnshì　*n.*　reading room

他一下课就去学校的阅览室看书了。
在阅览室里看书要保持安静，不要打扰别人。

948　运　yùn　*v.*　carry, transport

这列火车运的是大米。
今天他只运了一车货过来。

949 **运行** yùnxíng *v.* move; be in motion/operation

运行速度；恢复运行
月球绕地球运行。
程序在运行的过程中，不要关闭电脑。

950 **灾** zāi *n.* disaster

在这次地震中，受灾最严重的是西村。
生活在这儿的人过几年就会遇到一次天灾，日子过得很苦。

951 **灾害** zāihài *n.* disaster, calamity

这次地震造成的灾害影响非常大。
随着科技的发展，人类对风灾、水灾、地震等自然灾害可以进行一定程度的预测。

952 **灾难** zāinàn *n.* disaster, calamity, catastrophe

遇到灾难；带来灾难
第二次世界大战是人类历史上的一次大灾难。
这么多年过去了，她还是无法忘记那场可怕的灾难。

953 **灾区** zāiqū *n.* disaster area

地震以后，很多志愿者主动来到灾区帮助那里的人们。
在当地政府的关怀下，大量生活必需品被送到灾区人民的手中。

954 **再次** zàicì *adv.* again, one more time

我希望在不久的将来能再次见到你。
没过多久，这个不幸的家庭再次遇到了灾难。

955 **再也** zài yě (*used in the negative*) any more

他每次都骗我，我再也不相信他的话了。
爷爷去世以后，他再也吃不到爷爷做的饭菜了。

956 **在场** zàichǎng *v.* be on the scene, be present

事故发生的时候，他不在场。
听了他的故事以后，在场的每一个人都深受感动。

957 **在内** zàinèi *v.* include

连我在内，一共有八个人要去博物馆。
包含手机在内的所有电子产品都打九折。

958 **暂时** zànshí *adj.* temporary

这些困难都只是暂时的。
紧张的学习生活让她暂时忘记了感情上的痛苦。

959 **暂停** zàntíng *v.* suspend, pause

比赛进行到一半，裁判叫了暂停。
因为顾客对他的投诉，领导暂停了他的所有工作。

960 糟   *zāo*   *adj.*   bad, terrible, awful

我这次考得<u>糟</u>透了。
他把事情弄得一团<u>糟</u>。

◎ 速练   Quick practice

一、先根据词语写拼音，再将词语和正确的英文释义连起来
Write Pinyin according to the words, and then match the words with the correct English definitions.

1. 暂停 _____   A. disaster area

2. 灾区 _____   B. disaster, calamity, catastrophe

3. 在场 _____   C. move; be in motion/operation

4. 约束 _____   D. suspend, pause

5. 月球 _____   E. restrain, constrain

6. 运行 _____   F. moon

7. 灾难 _____   G. temporary

8. 暂时 _____   H. be on the scene, be present

二、选择合适的词语填空   Choose the right words and fill in the blanks.

（一）   A. 远处   B. 月球   C. 灾害   D. 在场   E. 怨

1. 目前在____上还没有发现任何生命。

2. 这条小路一直通向____的森林。

3. 她总是____自己运气不好。

4. 人类在自然____面前，有时显得很渺小（miǎoxiǎo, tiny）。

5. 我们都准备好了，你是否____都没关系。

（二）   A. 阅览室   B. 灾难   C. 在内   D. 愿   E. 运

1. 即使生病了，他也不____麻烦别人。

2. 这个____里的图书只能看，不能借。

3. 我要把这些家具____到大学城，需要花多少钱？

4. 包括老李____，大家都反对这个方案。

5. 正是因为他及时发现了问题，这才避免了一场大____的发生。

（三）　　A. 灾区　　B. 暂时　　C. 约束　　D. 运行　　E. 再次

1. 张老师生病了，李老师____替她给我们上课。

2. 为了身体健康，他严格____自己，不抽烟，不喝酒。

3. 列车____时，禁止打开车门。

4. 他毕业十年以后，____回到了大学校园学习。

5. 他们班举办的"为____小朋友献爱心"活动非常有意义。

（四）　　A. 暂停　　B. 月饼　　C. 灾　　D. 再也　　E. 糟

1. 马上就到他表演了，他再不来可就____了。

2. 因为天气原因，所有航班____起飞。

3. 在这家超市里可以买到各种味道的____。

4. 那一年是____年，近一年没下雨，地里产不了粮食。

5. 读到这里，她____忍不住了，放声哭了起来。

三、选择合适的词语完成句子　Choose the right words to complete the sentences.

1. 人们常说："生命____运动。"

　　A. 在场　　　B. 在内　　　C. 在于　　　D. 在乎

2. 这场战争带来的____影响深远。

　　A. 灾害　　　B. 灾难　　　C. 灾区　　　D. 受灾

3. 我____见到他时，他的头发已经全白了。

　　A. 再次　　　B. 再也　　　C. 再三　　　D. 一再

4. 正式比赛那天小李受伤了，教练____决定让我上场。

　　A. 暂时　　　B. 暂停　　　C. 临时　　　D. 停止

5. 这些包裹在____的过程中被压坏了。

　　A. 运动　　　B. 运用　　　C. 运行　　　D. 运输

第49单元　Unit 49

◎ 目标词语　Target words

961. 糟糕	962. 早期	963. 增	964. 增产	965. 增大
966. 增多	967. 增强	968. 赠	969. 赠送	970. 摘
971. 展览	972. 展示	973. 展现	974. 占领	975. 占有
976. 涨	977. 涨价	978. 掌握	979. 招生	980. 招手

◎ 速记　Quick memory

961　**糟糕**　zāogāo　*adj.*　too bad, awful

身体<u>糟糕</u>；情况<u>糟糕</u>
真<u>糟糕</u>，我的护照丢了。
他这次考试考得太<u>糟糕</u>了。

962　**早期**　zǎoqī　*n.*　early stage

<u>早期</u>作品；<u>早期</u>治疗
他的写作风格受到了<u>早期</u>生活经历的影响。
他的病虽然很严重，但是还在<u>早期</u>，是可以治好的。

963　**增**　zēng　*v.*　increase

<u>增</u>高；新<u>增</u>；大<u>增</u>
学院新<u>增</u>了一间教师休息室。
他总觉得自己个子矮，所以见到高个子的人就问人家有没有<u>增</u>高的办法。

964　**增产**　zēng//chǎn　increase production

最近几年，汽车的<u>增产</u>幅度非常大。
去年，中国的粮食、蔬菜、水果等实现了全面<u>增产</u>。

965　**增大**　zēngdà　*v.*　enlarge, increase

他对人生的看法随着年龄的<u>增大</u>而改变。
如果还往前走的话，你们遇到危险的可能性会<u>增大</u>。

966　**增多**　zēngduō　*v.*　grow in number or quantity

一到暑假，来这里旅游的人就<u>增多</u>。
随着自然环境的改善，来这里过冬的鸟类较以前明显<u>增多</u>。

967　**增强**　zēngqiáng　*v.*　strengthen, enhance

<u>增强</u>决心；<u>增强</u>力量；<u>增强</u>能力；<u>增强</u>势力
这次战斗的胜利<u>增强</u>了我们彻底打败敌人的信心。
这几名优秀队员的加入极大地<u>增强</u>了篮球队的实力。

968 赠 zèng *v.* give as a present

我的老朋友赠给我一块手表。
他打算向每位客人都赠一本书。

969 赠送 zèngsòng *v.* give as a present

他把一些小礼物赠送给了这些学生。
他们向这所农村小学赠送了一批图书。

970 摘 zhāi *v.* pick, pluck, take off

摘花；摘葡萄；摘眼镜
他们摘了两篮苹果。
姐姐把帽子摘下来挂在了墙上。

971 展览 zhǎnlǎn

（1）*v.* exhibit
展览作品；展览成果；展览照片
他早期画的画儿正在美术馆展览。
在这次会议上，他们展览了一些新产品。
（2）*n.* exhibition
这次展览，有很多国外客户，要认真准备。
展览会的地点定好了，接下来要确定参会人员名单。

972 展示 zhǎnshì *v.* show, display, reveal

展示才能；展示过程
他一到家就向我们展示他新买的手机。
这本书里的细节描写很好地展示了人物的内心世界。

973 展现 zhǎnxiàn *v.* unfold before one's eyes, emerge

这部电影展现了20世纪30年代上海人的生活面貌。
当我们爬上那座小山时，一片美丽的田地展现在我们眼前。

974 占领 zhànlǐng *v.* occupy by force, capture

占领边境；占领城市；占领首都；占领市场；占领舞台
敌人占领了这座城市。
他们公司靠低价迅速占领了市场。

975 占有 zhànyǒu *v.* own, possess

占有土地；占有资源；占有生产资料；占有财产
爱不是占有，而是付出。
工业在国民经济发展中占有重要地位。

976 涨 zhǎng *v.* (of water, prices, etc.) rise, go up

大雨过后，河水涨到了门前。
我的工资每年都在涨，就是多少不一定。

977 涨价 zhǎng//jià rise in price

这两天，水果涨价了。

汽油在一年内<u>涨</u>了两次<u>价</u>。

978 掌握 zhǎngwò　v.　grasp, master

<u>掌握</u>技术；<u>掌握</u>理论；<u>掌握</u>新知识；<u>掌握</u>规律；<u>掌握</u>技巧
我还没有<u>掌握</u>减轻压力的方法。
他只用了两年时间就<u>掌握</u>了这门外语。

979 招生 zhāo//shēng　enroll new students

所有申请这所大学的学生都要参加<u>招生</u>考试。
学校还没建好，今年<u>招</u>不了<u>生</u>。

980 招手 zhāo//shǒu　wave, beckon

爷爷向我<u>招手</u>，让我到他床前。
王明向我<u>招</u>了<u>招手</u>。

◎ 速练　Quick practice

一、先根据词语写拼音，再将词语和正确的英文释义连起来
Write Pinyin according to the words, and then match the words with the correct English definitions.

1. 糟糕 _____　　A. rise in price

2. 增强 _____　　B. too bad, awful

3. 涨价 _____　　C. grasp, master

4. 掌握 _____　　D. strengthen, enhance

5. 招生 _____　　E. give as a present

6. 占领 _____　　F. exhibit; exhibition

7. 展览 _____　　G. occupy by force, capture

8. 赠送 _____　　H. enroll new students

二、选择合适的词语填空　Choose the right words and fill in the blanks.

（一）　A. 糟糕　　B. 增多　　C. 展览　　D. 涨　　E. 早期

1. 物价上____引起了老百姓的不满。

2. 他的作品在学校图书馆____了两个月。

3. 这个城市的交通越来越____了。

4. 和____作品相比，他现在的作品更加成熟了。

5. 这种动物被列为国家一级保护动物以后，其数量逐渐____。

（二） A.增强　　　B.展示　　　C.涨价　　　D.增　　　E.赠

1. 这家店因为乱____受到了政府部门的处罚。

2. 每个人都有10分钟时间向观众____自己设计的作品。

3. 改进生产技术以后，每个月生产的冰箱数量大____。

4. 我们还要不断开发新产品，____公司的竞争能力。

5. 会议开始前，两国领导人互____了礼物。

（三） A.展现　　　B.掌握　　　C.增产　　　D.赠送　　　E.占领

1. 通过两周的培训，这些士兵____了最新的信息技术手段。

2. 我们应该尽快开发新产品以____市场。

3. 这段5分钟的影片集中____了中国近年来的发展变化。

4. 粮食在这5年间____了30%。

5. 晚会结束后，他们向演员____了一个大花篮。

（四） A.招生　　　B.增大　　　C.摘　　　D.占有　　　E.招手

1. 到了这家新公司以后，他感到压力____了不少。

2. 这所大学今年的____规模将达到4000人。

3. 警察____让我们把车停到路边。

4. 我们公司的产品____全球40%的市场。

5. 在公园里随便____花是不文明的行为。

三、选择合适的词语完成句子　Choose the right words to complete the sentences.

1. 要使农产品____，就得舍得花钱投资。

　　A.增产　　　B.增大　　　C.增多　　　D.增强

2. 走进大门，____在眼前的是一个漂亮的中国园林。

　　A.展览　　　B.展示　　　C.展现　　　D.展开

3. 这些商品我们是按成本价卖给您的，已经没有再____的空间了。

　　A.降价　　　B.涨价　　　C.评价　　　D.特价

4. 没有哪家企业能只靠一种产品永远____市场。

　　A.率领　　　B.占领　　　C.领先　　　D.占

5. 一出火车站，我就看见他在向我____。

　　A.招生　　　B.随手　　　C.招呼　　　D.招手

第 50 单元　Unit 50

◎ 目标词语　Target words

981. 珍贵	982. 珍惜	983. 珍珠	984. 真诚	985. 真理
986. 真相	987. 诊断	988. 振动	989. 震惊	990. 争议
991. 正版	992. 正规	993. 正如	994. 正义	995. 证实
996. 证书	997. 挣	998. 挣钱	999. 之内	1000. 之外

◎ 速记　Quick memory

981　珍贵　zhēnguì　*adj.*　valuable, precious

这张照片对我父母来说非常珍贵。
小偷儿从博物馆偷走了一幅珍贵的画儿。

982　珍惜　zhēnxī　*v.*　cherish

珍惜美好生活
我们都应该珍惜时间。
他很珍惜这个工作机会。

983　珍珠　zhēnzhū　*n.*　pearl

这颗黑珍珠又圆又亮。
她戴了一串珍珠项链（xiàngliàn，necklace）。

984　真诚　zhēnchéng　*adj.*　sincere

他的话听起来如此真诚。
张明真诚地向大家表示感谢。

985　真理　zhēnlǐ　*n.*　truth

我们学得越多，就越接近真理。
这件事说明了一个真理——只要你努力，什么时候都不算晚。

986　真相　zhēnxiàng　*n.*　truth, fact

真相终于被公开了。
这篇报道对事件的真相做了清楚的说明。

987　诊断　zhěnduàn　*v.*　diagnose

我想请医生给我诊断一下儿。
这种病的诊断标准还没有统一。

988　振动　zhèndòng　*v.*　oscillate, vibrate

振动幅度的大小决定声音的大小。
你的手机在振动，是不是来电话了？

989 **震惊** zhènjīng

（1）*adj.* shocked, startled
知道真相以后，同学们都很震惊。
听说了这个消息，她感到十分震惊。
（2）*v.* shock, astonish
这件事震惊了全世界。
他的突然去世震惊了所有人。

990 **争议** zhēngyì *v.* dispute

这个计划在班上引起了争议。
关于会议地点，大家还有些争议。

991 **正版** zhèngbǎn *n.* official/authorized edition

这几张正版唱片很珍贵。
为了鼓励消费者购买正版软件，这家公司决定降价。

992 **正规** zhèngguī *adj.* standard, regular

她接受了正规的舞蹈训练。
他们办这件事的手续不正规。

993 **正如** zhèngrú *v.* just as, exactly as

正如你所说，游泳池里都是人。
正如他想的那样，学校已经不是10年前的样子了。

994 **正义** zhèngyì

（1）*n.* justice
我们要相信正义的力量。
他把追求正义作为自己的人生目标。
（2）*adj.* just, righteous
她的心中充满了正义感。
他认为这是一场正义的战争。

995 **证实** zhèngshí *v.* verify, confirm

这种理论可以通过实验得到证实。
最近发生的事证实了警察的怀疑。

996 **证书** zhèngshū *n.* certificate

教师资格证书；结婚证书
她的计算机等级证书丢了。
请你把大学毕业证书复印两份。

997 **挣** zhèng *v.* earn; struggle to get free

你该找个工作自己挣生活费（shēnghuófèi, living expenses）了。
小明用力挣开了妈妈的手。

998 **挣钱** zhèng//qián earn money, make money

这是一个挣钱的好机会。

这个运动员通过拍广告挣了不少钱。

999 之内　　zhīnèi　　n.　　within a certain limit/range

这项工程必须在一年之内完成。
这个问题不在本次讨论范围之内。

1000 之外　　zhīwài　　n.　　beyond/outside a certain limit/range

这件事在我的能力范围之外。
通过旅行，学生了解了很多书本之外的知识。

◎ 速练　Quick practice

一、先根据词语写拼音，再将词语和正确的英文释义连起来
Write Pinyin according to the words, and then match the words with the correct English definitions.

1. 真理 _____　　　　　A. diagnose

2. 诊断 _____　　　　　B. truth

3. 珍惜 _____　　　　　C. earn money, make money

4. 正规 _____　　　　　D. shocked, startled; shock, astonish

5. 证实 _____　　　　　E. standard, regular

6. 挣钱 _____　　　　　F. dispute

7. 震惊 _____　　　　　G. cherish

8. 争议 _____　　　　　H. verify, confirm

二、选择合适的词语填空　Choose the right words and fill in the blanks.

（一）　　A. 珍贵　　B. 真相　　C. 正版　　D. 证书　　E. 珍惜

1. 这个软件里都是____电子书，你可以挑你感兴趣的看。

2. 我非常____这次比赛的机会并十分享受比赛的过程。

3. 我已经把____告诉她了。

4. 时间是非常____的。

5. 所有参赛者都将获得参赛____。

（二）　　A. 诊断　　B. 正规　　C. 挣　　D. 珍珠　　E. 振动

1. 他几乎没有受过____教育。

2. 飞机在高速飞行时，常会引起强烈____。

3. 盒子里装着一些____。

4. ____结果让人吃惊。

5. 她一天大约能____300块钱。

（三） A. 正如　　B. 挣钱　　C. 真诚　　D. 震惊　　E. 正义

1. 他想建立一个充满____与和平的世界。

2. 篮球比赛的结果令人____。

3. 他不会唱歌，____我不会跳舞一样。

4. 爸爸天天忙着____。

5. 我____地希望每个同学都能取得进步。

（四） A. 之内　　B. 真理　　C. 争议　　D. 证实　　E. 之外

1. 除了看书____，他没有别的爱好。

2. 计算结果____了我们的设想。

3. 他的一生都在追求知识和____。

4. 请你在五天____把钱还给我。

5. 这是一条有____的规定。

三、选择合适的词语完成句子　Choose the right words to complete the sentences.

1. 请____我们之间的友谊。

　　A. 宝贵　　　B. 珍贵　　　C. 珍惜　　　D. 珍珠

2. 我还是不明白这台机器的工作____。

　　A. 原理　　　B. 道理　　　C. 合理　　　D. 真理

3. 他是一个有____的历史人物。

　　A. 争取　　　B. 争议　　　C. 争论　　　D. 协议

4. 我们一定要支持____，不要买假货。

　　A. 正确　　　B. 正版　　　C. 正常　　　D. 正规

5. 他不愿意承认自己的____情感。

　　A. 落实　　　B. 证实　　　C. 现实　　　D. 真实

第51单元　Unit 51

◎ 目标词语　Target words

1001. 之下	1002. 之中	1003. 支出	1004. 支配	1005. 执行
1006. 直线	1007. 值班	1008. 职能	1009. 职位	1010. 职务
1011. 只不过	1012. 只见	1013. 指标	1014. 指甲	1015. 指示
1016. 指责	1017. 至	1018. 制成	1019. 制约	1020. 治安

◎ 速记　Quick memory

1001 之下　zhīxià　*n.*　under sb./sth.

人在压力之下，做事情容易出错。
在这种情况之下，我选什么都是错的。

1002 之中　zhīzhōng　*n.*　in the midst of, among sb./sth.

这个问题还在讨论之中。
手术之后，他的健康仍在恢复之中。

1003 支出　zhīchū

（1）*v.*　pay (money), spend, expend
这次采购比上次少支出了32万元。
我们公司为新产品支出了一大笔广告费。
（2）*n.*　expense, expenditure
政府决定增加教育支出。
这个月的支出比上个月下降了10%。

1004 支配　zhīpèi　*v.*　spend, arrange; control, determine

我们要学会合理支配时间。
对钱的追求支配着他的生活。

1005 执行　zhíxíng　*v.*　carry out, execute

执行任务；严格执行；坚决执行
新计划什么时候开始执行？
他的想法很多，但是执行得太少。

1006 直线　zhíxiàn

（1）*n.*　straight line
老师在黑板上画了一条直线。
她把十个苹果摆成了一条直线。
（2）*adj.*　linear; steep, sharp (rise of fall)
直线距离
这几天的气温直线上升。
你的学习成绩为什么直线下降？

1007 值班　zhí//bān　be on duty

今天晚上妈妈在医院值班，她明天早上才回来。
我去单位值个班，中午不在家吃了。

1008 职能　zhínéng　*n.*　function

你了解政府的职能都有哪些吗?
公司的每个部门都要发挥好自己的职能。

1009 职位　zhíwèi　*n.*　position, post

很多人都想申请这个职位。
在我们公司，销售是最受欢迎的职位。

1010 职务　zhíwù　*n.*　post, position, job

他在一家大公司担任高级经理职务。
他因为违反规定而被公司解除了职务。

1011 只不过　zhǐbúguò　*adv.*　only, just, merely

这只不过是一句玩笑。
不用感谢我，我只不过是做了自己的工作。

1012 只见　zhǐ jiàn　We can see that...

只见王小明跑得越来越快。
只见一条鱼从水里跳了出来。

1013 指标　zhǐbiāo　*n.*　target; index, indicator

这是公司2023年要完成的工作指标。
经过治疗，他的各项身体指标都正常了。

1014 指甲　zhǐjia　*n.*　fingernail

我该剪指甲了。
孩子很难改掉咬指甲的坏习惯。

1015 指示　zhǐshì

（1）*n.*　instruction
我是严格按照你的指示办的。
目前的工作都在按张经理的指示进行。
（2）*v.*　instruct, direct; show
她指示员工不要在中午12点前打扰她。
我按小明指示的方向找到了那家商店。

1016 指责　zhǐzé　*v.*　censure, criticize

大家指责他不爱护环境。
她在大家面前受到指责，感到很不好意思。

1017 至　zhì　*v.*　to, till, until

请大家把书翻至139页。
国家博物馆周二至周日开放。

1018 制成　zhìchéng　　be made into

这些水果可以制成果汁。
这些杯子都是用塑料制成的。

1019 制约　zhìyuē　　*v.*　restrict, limit

受到制约；互相制约
自然资源的不足制约了当地的经济发展。
缺少资金是我们公司发展的一大制约因素（yīnsù，factor）。

1020 治安　zhì'ān　　*n.*　public order, public security

维持治安；治安问题
警察的主要工作就是维持治安。
近几年，这里的治安问题改善了很多。

◎ **速练　Quick practice**

一、先根据词语写拼音，再将词语和正确的英文释义连起来
Write Pinyin according to the words, and then match the words with the correct English definitions.

1. 支配 _____　　　　A. censure, criticize

2. 执行 _____　　　　B. post, position, job

3. 职务 _____　　　　C. spend, arrange; control, determine

4. 指标 _____　　　　D. public order, public security

5. 治安 _____　　　　E. restrict, limit

6. 制约 _____　　　　F. target; index, indicator

7. 值班 _____　　　　G. carry out, execute

8. 指责 _____　　　　H. be on duty

二、选择合适的词语填空　Choose the right words and fill in the blanks.

（一）　　A. 之下　　B. 直线　　C. 只不过　　D. 指责　　E. 之中

1. 新的阅读教材正在准备____。

2. 我不是作家，____是爱写日记。

3. 对比____，这里的气候更适合生活。

4. 春天来了，羽绒服的价格____下降。

5. 他在文章里____了乱扔垃圾的人。

(二)　　A. 值班　　B. 只见　　C. 至　　D. 支出　　E. 职能

1. 这本小书解释了图书馆的____。

2. 我们每天从早上8点营业____晚上7点。

3. 她每天在手机上记录家庭的____情况。

4. ____一群小鸟在天空中飞来飞去。

5. 明天该你____了。

(三)　　A. 指标　　B. 制成　　C. 支配　　D. 职位　　E. 指甲

1. 他的____又长又硬。

2. 剩下的时间你们可以自由____。

3. 小明这几个月都没有完成工作____，压力很大。

4. 我家里的盘子都是用木头____的。

5. 他在银行找到了一个____。

(四)　　A. 制约　　B. 执行　　C. 职务　　D. 指示　　E. 治安

1. 这座城市的____很好。

2. 经理____我们必须按期完成任务。

3. 警察正在____新的任务。

4. 飞机票的价格____了消费者的需求。

5. 这一____要求经常去国外出差。

三、选择合适的词语完成句子　Choose the right words to complete the sentences.

1. 记者这份工作的____是反映社会的真实情况。

　　A. 职能　　　B. 职位　　　C. 职务　　　D. 职业

2. 爸爸亲自动手____了一条小木船送给儿子作为生日礼物。

　　A. 制定　　　B. 制作　　　C. 制约　　　D. 制成

3. 总经理已经给我们做了非常明确的____。

　　A. 指示　　　B. 指挥　　　C. 指出　　　D. 指导

4. 他在____这次飞行任务时受了伤。

　　A. 发行　　　B. 运行　　　C. 执行　　　D. 推行

5. 我的钱也是你的钱，你可以自由____。

　　A. 支持　　　B. 支付　　　C. 支出　　　D. 支配

第 52 单元　Unit 52

◎ 目标词语　Target words

1021. 治理	1022. 中断	1023. 中秋节	1024. 中央	1025. 中药
1026. 终点	1027. 终身	1028. 终止	1029. 中毒	1030. 众多
1031. 周期	1032. 竹子	1033. 主办	1034. 主导	1035. 主观
1036. 主管	1037. 主体	1038. 助理	1039. 助手	1040. 注册

◎ 速记　Quick memory

1021 治理　zhìlǐ　v.　administer, rule; harness (nature, etc.), tame (a river, etc.)

治理企业；治理污水
这位年轻的总统把这个国家治理得非常好。
经过治理以后，湖水不臭了，湖面上再也没有死鱼了。

1022 中断　zhōngduàn　v.　discontinue, interrupt

中断访问；中断演出；中断谈判；中断会议
接到命令后，他们立刻中断了行动。
这次地震让这个城市的交通运输中断了一周。

1023 中秋节　Zhōngqiū Jié　n.　Mid-Autumn Festival

中秋节是中国的传统节日。
在中秋节的时候，中国人有吃月饼的风俗。

1024 中央　zhōngyāng　n.　center; central authorities

花园中央；中央部门
湖中央有一条小船。
地方政府应服从中央政府的决定。

1025 中药　zhōngyào　n.　traditional Chinese medicine

中药太苦了，我不想喝。
中药治疗这种病的效果特别好。

1026 终点　zhōngdiǎn　n.　destination, end point

旅行的终点；列车的终点；人生的终点
他是第一个跑过终点的。
我们这次旅行的终点是北京。

1027 终身　zhōngshēn　n.　one's entire life, lifetime

终身的追求；终身学习
我终身不忘您的帮助。
修复好这幅古画儿是他终身的理想。

1028 终止 zhōngzhǐ *v.* terminate, end

终止合同；终止会议
这个项目已经终止好几年了。
所有的人都希望这场战争能够早日终止。

1029 中毒 zhòng//dú be poisoned

煤气中毒后，他就失去了意识。
食物中毒可能会造成严重的后果。

1030 众多 zhòngduō *adj.* many, numerous

中国人口众多。
我指出的只是众多问题中的一个。

1031 周期 zhōuqī *n.* cycle, period

这种植物的生长周期只有三个月。
大家都知道，在地球上看到的月亮的形状会有周期性的变化。

1032 竹子 zhúzi *n.* bamboo

大熊猫爱吃竹子。
爷爷用竹子编了一个花篮。

1033 主办 zhǔbàn *v.* host (a conference or sports event), sponsor

由……主办
这届会议是由北京大学主办的。
下一届奥运会由哪个国家主办？

1034 主导 zhǔdǎo

（1）*v.* lead
他主导了这次的企业改革。
他一直在背后主导这场交易。
（2）*n.* leading factor, dominant force
现代企业制度就是要使所有的企业成为市场经济的主导。
要保持国家经济的稳定发展，必须以农业为基础，以工业为主导。

1035 主观 zhǔguān *adj.* subjective

主观感受；主观想法；主观思想；主观印象
没有调查清楚就下结论，这是不是太主观了？
他的主观愿望是好的，但是做事的方式方法不对。

1036 主管 zhǔguǎn

（1）*v.* be in charge of
李校长主管学校的招生工作。
他主管的这个部门工作效率非常高。
（2）*n.* person in charge
部门主管
他是这家酒店的主管。
他才30岁，就已经当上这家大公司的部门主管了。

1037 **主体**　　zhǔtǐ　　n.　　main part, main body

社会的<u>主体</u>；市场<u>主体</u>
这一段是整首歌的<u>主体</u>。
这次地震没有影响到这座建筑的<u>主体</u>。

1038 **助理**　　zhùlǐ　　n.　　assistant

当<u>助理</u>；担任<u>助理</u>；部长<u>助理</u>；销售<u>助理</u>
他给经理当<u>助理</u>。
他是美国一所大学的<u>助理</u>教授。

1039 **助手**　　zhùshǒu　　n.　　helper, assistant

他的这个<u>助手</u>非常能干。
我做饭，女儿给我当<u>助手</u>。

1040 **注册**　　zhù//cè　　register

<u>注册</u>公司；新生<u>注册</u>
今年学生的<u>注册</u>时间是9月3日。
这个商标已经有别的公司<u>注册</u>过了。

◎ 速练　Quick practice

一、先根据词语写拼音，再将词语和正确的英文释义连起来
Write Pinyin according to the words, and then match the words with the correct English definitions.

1. 治理 _____　　　A. register
2. 注册 _____　　　B. assistant
3. 终止 _____　　　C. lead; leading factor, dominant force
4. 中毒 _____　　　D. cycle, period
5. 主导 _____　　　E. administer, rule; harness (nature, etc.), tame (a river, etc.)
6. 助理 _____　　　F. discontinue, interrupt
7. 周期 _____　　　G. terminate, end
8. 中断 _____　　　H. be poisoned

二、选择合适的词语填空　Choose the right words and fill in the blanks.

（一）　　A. 治理　　B. 终点　　C. 周期　　D. 主管　　E. 注册

1. 列车已经到达____站。
2. 他们一起____成立了一家新公司。
3. 我姐姐在一家企业担任销售____。

4. 下一步政府打算好好____一下儿城市里的违法建筑。

5. 这里河水的涨落____是有规律的。

(二)　　A. 中断　　B. 终身　　C. 竹子　　D. 主体　　E. 中秋节

1. 这份合同的____内容我已经仔细阅读过了。

2. 两个国家的贸易因为这场误会而____。

3. 这些华人虽然离开了故乡，但是还保留着过____的风俗习惯。

4. 在他们商场购买的电器，他们保证可以____维修。

5. 他们在屋子后面种了一大片____。

(三)　　A. 终止　　B. 主办　　C. 助理　　D. 中央　　E. 中毒

1. 他的生活都是由私人____安排的。

2. 一张大桌子摆在屋子____。

3. 在双方父母的干预下，他们不得不____这段关系。

4. 同时使用这几种药物可能会引起药物____。

5. 这个展览由三家单位联合____。

(四)　　A. 主导　　B. 助手　　C. 中药　　D. 众多　　E. 主观

1. 他让____代替他参加这次会议。

2. 吃了一个月的____以后，他的病渐渐好了。

3. 我们评价一个人的好坏不能只凭____印象。

4. 工业在国民经济发展中占有____地位。

5. 当地____百姓出钱出力帮助这座工厂重建。

三、选择合适的词语完成句子　Choose the right words to complete the sentences.

1. 针对她的病，专家们提出了三种____方案。

　　A. 治疗　　　　B. 防治　　　　C. 治理　　　　D. 治安

2. 大学毕业不久，他们就____了联系。

　　A. 中毒　　　　B. 中断　　　　C. 中药　　　　D. 中央

3. 这种药物已经达到了____的治疗效果。

　　A. 定期　　　　B. 初期　　　　C. 预期　　　　D. 周期

4. 他曾在政府部门____过几年教育工作。

   A. 主办　　　　B. 主导　　　　C. 主观　　　　D. 主管

5. 计算机____教学将成为未来教育的主要方式。

   A. 助理　　　　B. 辅助　　　　C. 助手　　　　D. 赞助

第53单元　Unit 53

◎ 目标词语　Target words

1041. 注射	1042. 注视	1043. 注重	1044. 祝贺	1045. 专辑
1046. 专利	1047. 转化	1048. 转换	1049. 转让	1050. 转向
1051. 装饰	1052. 撞	1053. 资本	1054. 资产	1055. 资助
1056. 子弹	1057. 仔细	1058. 紫	1059. 自豪	1060. 自杀

◎ 速记　Quick memory

1041 注射　zhùshè　*v.*　inject

他要指导实习护士练习注射。
护士给那个病人注射了一针后,病人感觉好多了。

1042 注视　zhùshì　*v.*　watch attentively

他用怀疑的目光注视着我。
我们一直在密切注视市场形势的发展。

1043 注重　zhùzhòng　*v.*　lay emphasis on

注重营养；注重教育；注重环境保护；注重实用；注重包装；注重传统
这所学校非常注重学生的全面发展。
我们公司在生产方面既注重效率,又注重质量。

1044 祝贺　zhùhè　*v.*　congratulate

值得祝贺；热烈祝贺；真诚地祝贺
祝贺大家在这次考试中取得了好成绩!
王校长在会上向所有获奖的运动员表示祝贺。

1045 专辑　zhuānjí　*n.*　album

这位歌手很多年都没有出新专辑了。
最近他发行了十年来的第一张专辑。

1046 专利　zhuānlì　*n.*　patent

这项专利的保护期限是十年。
他在大学期间申请了十几项发明专利。

1047 转化　zhuǎnhuà　*v.*　change, turn (into)

在老师的教育下,他的思想逐渐转化了。
他们正想办法促进各项研究成果转化为应用技术。

1048 转换　zhuǎnhuàn　*v.*　change, shift, transform

转换位置；转换方向；转换镜头；转换角度；转换目标

见她不高兴，他就赶紧转换了一个话题。
这次改革的重点是转换企业的经营机制。

1049 转让　zhuǎnràng　v.　transfer the possession of

转让技术；转让房屋；转让专利；转让成果
门票只能本人使用，不能转让。
他已经把公司正式转让给两个儿子了。

1050 转向　zhuǎnxiàng　v.　change direction; change one's political orientation

那条河到这里后转向了。
为了个人的利益，他在思想上已经发生了转向。

1051 装饰　zhuāngshì

（1）v.　decorate
他们用鲜花把舞台装饰得很漂亮。
他买了几个气球把教室简单装饰了一下儿。
（2）n.　decoration
妈妈买了几幅画儿挂在墙上做装饰。
他的房间里没有复杂的装饰，但是非常舒适。

1052 撞　zhuàng　v.　knock, hit against; meet by chance; try

张奶奶在马路上被一辆车撞倒了。
我去卫生间的时候撞见小李在里边偷偷抽烟。
我打算买张彩票撞撞运气。

1053 资本　zīběn　n.　capital, sth. to capitalize on

经过多年经营，他已经积累了足够的资本。
我也想扩大公司的规模，但是没有足够的资本。

1054 资产　zīchǎn　n.　property, assets

国家的资产；个人资产；固定资产；流动资产
这笔资产是他爸爸留给他的。
大家都知道他的资产已过亿。

1055 资助　zīzhù　v.　aid financially

申请资助
他设立这项奖学金是为了资助家庭困难的大学生。
地震发生以后，他向灾区人民资助了价值100万元的药物。

1056 子弹　zǐdàn　n.　bullet

他被子弹打伤了右手。
这把枪里只有一颗子弹。

1057 仔细　zǐxì　adj.　careful

你们一定要仔细听着，别记错了。
这种鱼刺很多，吃的时候要仔细点儿。

1058 **紫** zǐ *adj.* purple

姐姐今天穿了一条紫裙子。
那位明星在20世纪90年代红得发紫。

1059 **自豪** zìháo *adj.* (be) proud of

他充满自豪地看着自己设计的这架飞机。
老师为同学们取得的好成绩感到十分自豪。

1060 **自杀** zìshā *v.* commit suicide

这种病让他痛苦万分,他试图自杀。
女朋友和他分手后,他想不开,曾想过自杀。

◎ 速练 Quick practice

一、先根据词语写拼音,再将词语和正确的英文释义连起来
Write Pinyin according to the words, and then match the words with the correct English definitions.

1. 资助 ＿＿＿＿＿＿   A. (be) proud of

2. 注射 ＿＿＿＿＿＿   B. aid financially

3. 专辑 ＿＿＿＿＿＿   C. property, assets

4. 装饰 ＿＿＿＿＿＿   D. decorate; decoration

5. 自豪 ＿＿＿＿＿＿   E. change, shift, transform

6. 转换 ＿＿＿＿＿＿   F. inject

7. 注重 ＿＿＿＿＿＿   G. lay emphasis on

8. 资产 ＿＿＿＿＿＿   H. album

二、选择合适的词语填空 Choose the right words and fill in the blanks.

(一)　A. 注射　　B. 专辑　　C. 转让　　D. 资本　　E. 自杀

1. 警察还在调查她＿＿＿的原因。

2. 那位护士熟练地给他进行了＿＿＿。

3. 他的这张＿＿＿卖得非常火。

4. 他毕业时,把自己带不走的很多东西都＿＿＿出去了。

5. 这里出色的自然环境是政府发展旅游的＿＿＿。

(二)　A. 注视　　B. 专利　　C. 转向　　D. 资产　　E. 自豪

1. 比赛期间,他们一直＿＿＿着电视机,一分钟也没有离开。

2. 前面没有路了，他们的车只好在这儿____。

3. 这是我们集体的成果，不是他一个人的研究____。

4. 这次需要大家登记自己的固定____情况。

5. 生活在这样一个伟大的国家，我们都感到十分____。

（三） A. 注重　　B. 转化　　C. 装饰　　D. 资助　　E. 祝贺

1. 他们正在学习怎样将分数____为小数。

2. 中国政府非常____对西部地区的开发。

3. 我真诚地____你找到了一个如此爱你的妻子。

4. 这次演出受到了以上三家公司的大力____。

5. 小李家客厅的____非常讲究。

（四） A. 转换　　B. 撞　　C. 子弹　　D. 仔细　　E. 紫

1. 那颗____从他的耳边飞过。

2. 外边太冷了，你看他的脸都冻得发____了。

3. 医生给他做了非常____的检查。

4. 不要骑太快了，小心____到人。

5. 镜头从大街上____到一间办公室里。

三、选择合适的词语完成句子　Choose the right words to complete the sentences.

1. 这家新公司是在上海____成立的。

　　A. 注视　　　　B. 注册　　　　C. 注重　　　　D. 注射

2. 这个周六我们将举行一个大型活动，____公司成立五周年。

　　A. 庆祝　　　　B. 祝　　　　　C. 祝贺　　　　D. 祝福

3. 李教授将为大家做关于水资源保护的____讲座。

　　A. 专辑　　　　B. 专利　　　　C. 专题　　　　D. 专业

4. 他主动把父亲留下的房子____给了弟弟。

　　A. 转让　　　　B. 转换　　　　C. 转向　　　　D. 转化

5. 他卖掉了名下的所有____，逃到了别的国家。

　　A. 资金　　　　B. 资本　　　　C. 资源　　　　D. 资产

第54单元　Unit 54

◎ **目标词语　Target words**

1061. 自愿	1062. 总裁	1063. 总数	1064. 总算	1065. 总体
1066. 阻碍	1067. 组织	1068. 醉	1069. 尊敬	1070. 尊重
1071. 遵守				

◎ **速记　Quick memory**

1061 自愿　zìyuàn　*v.*　act out of one's own free will, volunteer

自愿报名；自愿帮忙
演员们自愿为士兵演出。
这次活动，大家自愿参加，学校不做要求。

1062 总裁　zǒngcái　*n.*　president (of a company, etc.)

他就是这家银行的总裁。
他的职务是美华公司的高级副总裁。

1063 总数　zǒngshù　*n.*　total, sum total

他多次向我借钱，总数有5万元。
今晚有多少人要来参加晚会，请提前告诉我一个总数。

1064 总算　zǒngsuàn　*adv.*　at long last, finally; on the whole

坐了十几个小时的飞机后，总算安全到家了。
小孩子的字能写成这样，总算不错了。

1065 总体　zǒngtǐ　*n.*　(on the) whole, (in the) entirety

总体规划；总体设计
他给我的总体印象是很不错的。
请你们尽快拿出一个总体方案来。

1066 阻碍　zǔ'ài

（1）*v.*　block, hinder
你不能把车停在这里，这样会阻碍交通的。
这次边境冲突必然会阻碍两国的和平交流。
（2）*n.*　obstacle, hindrance
排除阻碍；克服阻碍
警察在调查这件事时遇到了很大的阻碍。
不管在工作中遇到多大的阻碍，我们都会想办法去克服。

1067 组织　zǔzhī

（1）*v.*　organize
组织讨论；组织旅游；组织活动

他从来没有<u>组织</u>过这样大规模的比赛。
<u>组织</u>这样一台晚会需要花费大量的时间和精力。
（2）*n.*　organization
加入<u>组织</u>；脱离<u>组织</u>
联合国是世界上最大的一个国际<u>组织</u>。
这几位毕业生一起成立了一个环境保护<u>组织</u>。

1068 醉　　zuì　　*v.*　　be drunk; be intoxicated

她只喝了一瓶啤酒就<u>醉</u>了。
看着眼前的美景，她的心都<u>醉</u>了。

1069 尊敬　zūnjìng

（1）*v.*　respect
<u>尊敬</u>老师；<u>尊敬</u>父母
大家都十分<u>尊敬</u>这位英勇的战士。
他是我们的客人，你要对他<u>尊敬</u>一点儿。
（2）*adj.*　respectable
<u>尊敬</u>的各位老师，大家早上好！
欢迎各位<u>尊敬</u>的领导来我市指导工作。

1070 尊重　zūnzhòng　*v.*　respect, value

<u>尊重</u>孩子；<u>尊重</u>人才；<u>尊重</u>知识；<u>尊重</u>事实；互相<u>尊重</u>
我完全<u>尊重</u>你的选择。
每个孩子都不一样，我们应该<u>尊重</u>他们的个性。

1071 遵守　zūnshǒu　*v.*　abide by

<u>遵守</u>法律；<u>遵守</u>时间；<u>遵守</u>纪律
希望大家自觉<u>遵守</u>学校的各项规定。
交警用广播提醒司机朋友们<u>遵守</u>交通法规。

◎ 速练　Quick practice

一、先根据词语写拼音，再将词语和正确的英文释义连起来
Write Pinyin according to the words, and then match the words with the correct English definitions.

1. 总裁 _____　　A. abide by

2. 遵守 _____　　B. respect; respectable

3. 阻碍 _____　　C. act out of one's own free will, volunteer

4. 组织 _____　　D. president (of a company, etc.)

5. 总体 _____　　E. at long last, finally; on the whole

6. 尊敬 _____　　F. organize; organization

7. 总算 _____　　G. block, hinder; obstacle, hindrance

8. 自愿 _____　　H. (on the) whole, (in the) entirety

二、选择合适的词语填空　Choose the right words and fill in the blanks.

（一）　　A.自愿　　B.总算　　C.醉　　D.遵守　　E.尊敬

1. 他因为不____课堂纪律，受到了老师的严厉批评。

2. 只要是和朋友聚会，他就会喝得大____。

3. 孩子们用____的目光望着总理。

4. 准备了这么久，____通过考试了。

5. 这次的实习活动，学生可以根据自身情况____参加。

（二）　　A.总数　　B.总体　　C.阻碍　　D.组织　　E.尊重

1. 虽然天气不好，但这并没有____跑步运动员们前行的脚步。

2. 他在10年前就加入了这个国际____。

3. ____上来说，大家的毕业设计都完成得很不错。

4. 这6个专业的学生____超过了700人。

5. 如果不____事物的发展规律，最后一定会走向失败。

三、选择合适的词语完成句子　Choose the right words to complete the sentences.

1. 所有的新产品都是这家科技公司____设计和生产的。

　　A.自信　　　B.自愿　　　C.自豪　　　D.自主

2. 所有的工人一起加班，____在月底前完成了领导布置的任务。

　　A.总共　　　B.总数　　　C.总算　　　D.总体

3. 作为父母，他从来不____孩子的兴趣发展。

　　A.组织　　　B.阻碍　　　C.停止　　　D.组合

4. 在国际交往中，应该____各自的风俗习惯。

　　A.尊敬　　　B.尊重　　　C.遵守　　　D.保守

5. 王经理每个月都要向公司____汇报工作情况。

　　A.总裁　　　B.总理　　　C.总统　　　D.总结

语法术语缩略形式一览表
Abbreviations for Grammar Terms

缩略形式 Abbreviations	英文名称 Grammar Terms in English	中文名称 Grammar Terms in Chinese
adj.	Adjective	形容词
adv.	Adverb	副词
conj.	Conjunction	连词
int.	Interjection	叹词
m.	Measure Word	量词
n.	Noun	名词
nu.	Numeral	数词
ono.	Onomatopoeia	拟声词
pref.	Prefix	前缀
prep.	Preposition	介词
pron.	Pronoun	代词
pt.	Particle	助词
suf.	Suffix	后缀
v.	Verb	动词

五级词汇检索表
Index of Vocabulary Level 5

序号 No.	词语 Vocabulary	页码 Page	序号 No.	词语 Vocabulary	页码 Page	序号 No.	词语 Vocabulary	页码 Page
1	安慰	1	24	本人	5	45	玻璃	9
2	岸	1	25	鼻子	5	46	博客	9
3	岸上	1	26	比方	5	47	博览会	9
4	按摩	1	27	比重	5	48	博士	9
5	拔	1	28	彼此	6	49	博物馆	10
6	白酒	1	29	必	6	50	薄弱	10
7	拜访	1	30	必需	6	51	不顾	10
8	版	2	31	毕竟	6	52	不利	10
9	扮演	2	32	闭幕	6	53	不耐烦	10
10	棒	2	33	闭幕式	6	54	不幸	10
11	包围	2	34	边境	6	55	不易	10
12	包装	2	35	编辑		56	补偿	10
13	保卫	2		（biānjí, v.）	6	57	补贴	10
14	保养	2	36	编辑		58	不曾	10
15	报答	2		（biānji, n.）	6	59	不得了	11
16	报警	2	37	变动	6	60	不敢当	11
17	抱怨	2	38	便利	6	61	不良	13
18	背包	3	39	便条	7	62	不免	13
19	悲剧	3	40	便于	7	63	不能不	13
20	悲伤	3	41	宾馆	9	64	不时	13
21	北极	5	42	饼	9	65	不停	13
22	被动	5	43	饼干	9	66	不许	13
23	辈	5	44	病毒	9	67	不止	13

序号 No.	词语 Vocabulary	页码 Page	序号 No.	词语 Vocabulary	页码 Page	序号 No.	词语 Vocabulary	页码 Page
68	不足	13	99	超越	19	130	处罚	26
69	部位	14	100	车主	19	131	处分	26
70	猜	14	101	称	21	132	处在	26
71	猜测	14	102	称号	21	133	传达	26
72	裁判	14	103	成本	21	134	传递	26
73	采购	14	104	成交	21	135	传真	26
74	彩票	14	105	成效	21	136	窗帘	27
75	餐馆	14	106	成语	21	137	闯	27
76	餐厅	14	107	承办	21	138	创立	27
77	餐饮	15	108	城里	21	139	辞典	27
78	草原	15	109	乘	22	140	辞职	27
79	册	15	110	乘车	22	141	此后	30
80	层次	15	111	乘客	22	142	此刻	30
81	叉	17	112	乘坐	22	143	此时	30
82	叉子	17	113	吃力	22	144	聪明	30
83	差别	17	114	池子	22	145	从而	30
84	差距	17	115	迟	22	146	从中	30
85	插	17	116	冲动	22	147	脆	30
86	查询	17	117	冲突	22	148	存款	30
87	差（一）点儿	17	118	充足	23	149	寸	31
88	拆	17	119	愁	23	150	达成	31
89	拆除	18	120	丑	23	151	答	31
90	产业	18	121	臭	25	152	答复	31
91	长度	18	122	出版	25	153	打	31
92	长寿	18	123	出差	25	154	打扮	31
93	肠	18	124	出汗	25	155	打包	31
94	尝	18	125	出于	25	156	打击	31
95	尝试	18	126	初期	25	157	打架	31
96	厂长	18	127	除非	25	158	打扰	31
97	场面	18	128	除夕	26	159	大胆	31
98	倡导	18	129	厨房	26	160	大都	32

序号 No.	词语 Vocabulary	页码 Page	序号 No.	词语 Vocabulary	页码 Page	序号 No.	词语 Vocabulary	页码 Page
161	大纲	34	192	等候	39	223	二维码	47
162	大伙儿	34	193	等级	39	224	发布	47
163	大奖赛	34	194	低于	39	225	发觉	47
164	大脑	34	195	地带	39	226	发射	47
165	大事	34	196	地形	39	227	发行	47
166	大厅	34	197	地震	39	228	罚	47
167	大象	34	198	递	40	229	罚款	48
168	大熊猫	34	199	递给	40	230	法规	48
169	大于	35	200	典礼	40	231	法制	48
170	大致	35	201	点燃	42	232	繁荣	48
171	呆	35	202	电池	42	233	返回	48
172	待	35	203	电饭锅	42	234	防治	48
173	代价	35	204	电子版	42	235	放大	48
174	代理	35	205	调动	42	236	放弃	48
175	带有	35	206	丢	42	237	分成	48
176	贷款	35	207	动机	42	238	分解	48
177	单一	35	208	动手	42	239	分类	49
178	胆	36	209	动态	43	240	分离	49
179	胆小	36	210	动员	43	241	分析	51
180	蛋糕	36	211	冻	43	242	分享	51
181	当场	38	212	洞	43	243	丰收	51
182	当代	38	213	豆制品	43	244	风度	51
183	当年	38	214	毒	43	245	风光	51
184	当前	38	215	堆	43	246	封	51
185	当选	38	216	对立	44	247	疯	51
186	挡	38	217	对应	44	248	疯狂	51
187	到来	38	218	吨	44	249	扶	52
188	倒是	39	219	朵	44	250	服从	52
189	道德	39	220	躲	44	251	幅	52
190	得了	39	221	儿女	47	252	幅度	52
191	得以	39	222	耳朵	47	253	福利	52

序号 No.	词语 Vocabulary	页码 Page	序号 No.	词语 Vocabulary	页码 Page	序号 No.	词语 Vocabulary	页码 Page
254	辅助	52	285	共计	59	316	号召	65
255	负责人	52	286	共享	59	317	合并	65
256	附件	52	287	沟	59	318	合成	65
257	改革	52	288	沟通	59	319	盒	65
258	干脆	52	289	估计	60	320	盒饭	65
259	干扰	53	290	古老	60	321	盒子	68
260	干预	53	291	鼓	60	322	贺卡	68
261	感想	55	292	鼓励	60	323	恨	68
262	钢笔	55	293	鼓掌	60	324	猴	68
263	钢琴	55	294	顾问	60	325	后悔	68
264	高大	55	295	怪	60	326	胡同儿	68
265	高度	55	296	关怀	60	327	胡子	68
266	高跟鞋	55	297	关键	60	328	虎	68
267	高温	55	298	冠军	61	329	华语	69
268	高于	56	299	光荣	61	330	滑	69
269	高原	56	300	光线	61	331	化石	69
270	搞	56	301	广	63	332	划分	69
271	搞好	56	302	广泛	63	333	画面	69
272	歌曲	56	303	规划	63	334	环节	69
273	隔壁	56	304	鬼	63	335	慌	69
274	个儿	56	305	柜子	63	336	慌忙	69
275	跟前	56	306	滚	63	337	灰色	69
276	跟随	56	307	锅	64	338	恢复	70
277	更换	56	308	国籍	64	339	回报	70
278	更新	56	309	国民	64	340	回避	70
279	工艺	57	310	过度	64	341	回顾	72
280	工作日	57	311	过敏	64	342	回收	72
281	公告	59	312	过于	64	343	回头	72
282	公认	59	313	害	64	344	回信	72
283	公式	59	314	汗	64	345	回忆	72
284	公正	59	315	好运	64	346	汇款	72

序号 No.	词语 Vocabulary	页码 Page	序号 No.	词语 Vocabulary	页码 Page	序号 No.	词语 Vocabulary	页码 Page
347	会谈	72	378	检验	78	409	经费	86
348	活力	73	379	减轻	78	410	景象	86
349	活泼	73	380	剪	78	411	警告	86
350	火柴	73	381	剪刀	81	412	竞赛	86
351	火腿	73	382	剪子	81	413	竞争	86
352	火灾	73	383	间接	81	414	酒鬼	86
353	或是	73	384	建造	81	415	救灾	86
354	机器人	73	385	建筑	81	416	居然	86
355	机制	73	386	健全	81	417	局面	86
356	肌肉	73	387	键	82	418	局长	86
357	基地	73	388	键盘	82	419	举动	87
358	基金	73	389	将	82	420	拒绝	87
359	即使	74	390	将要	82	421	俱乐部	89
360	集团	74	391	奖励	82	422	剧本	89
361	挤	76	392	交代	82	423	决不	89
362	记忆	76	393	郊区	82	424	绝望	89
363	技能	76	394	胶带	82	425	军人	89
364	继承	76	395	胶水	82	426	开幕	89
365	加热	76	396	脚步	82	427	开幕式	89
366	加上	76	397	接触	83	428	看成	89
367	加速	77	398	接连	83	429	看出	90
368	加以	77	399	解除	83	430	看待	90
369	夹	77	400	解放	83	431	考核	90
370	甲	77	401	戒	85	432	烤肉	90
371	价	77	402	届	85	433	烤鸭	90
372	驾驶	77	403	今日	85	434	靠近	90
373	驾照	77	404	尽管	85	435	颗	90
374	坚定	77	405	尽可能	85	436	咳	90
375	肩	77	406	紧紧	85	437	可	90
376	艰苦	78	407	进化	85	438	可怜	90
377	艰难	78	408	近来	86	439	可惜	91

序号 No.	词语 Vocabulary	页码 Page	序号 No.	词语 Vocabulary	页码 Page	序号 No.	词语 Vocabulary	页码 Page
440	渴望	91	471	连接	99	502	迷信	108
441	刻	93	472	联络	99	503	面貌	108
442	客户	93	473	联想	99	504	面子	108
443	客气	93	474	脸盆	100	505	秒	108
444	客厅	93	475	脸色	100	506	敏感	108
445	课题	93	476	恋爱	100	507	明亮	108
446	肯定	93	477	两岸	100	508	明明	109
447	空中	94	478	邻居	100	509	命令	109
448	控制	94	479	铃	100	510	模范	109
449	口号	94	480	铃声	100	511	模仿	109
450	库	94	481	领带	103	512	模糊	109
451	快活	94	482	令	103	513	模式	109
452	宽度	94	483	流动	103	514	摩擦	109
453	狂	94	484	流通	103	515	摩托	109
454	亏	94	485	漏	103	516	模样	110
455	困扰	94	486	漏洞	103	517	目光	110
456	落	94	487	逻辑	103	518	耐心	110
457	来信	95	488	落实	104	519	男性	110
458	烂	95	489	码头	104	520	南北	110
459	朗读	95	490	骂	104	521	南极	113
460	浪漫	95	491	买卖	104	522	难得	113
461	劳动	98	492	漫长	104	523	难以	113
462	梨	98	493	漫画	104	524	脑子	113
463	礼	98	494	毛笔	104	525	内在	113
464	礼拜	98	495	矛盾	104	526	能量	113
465	礼貌	98	496	冒	104	527	年度	113
466	厉害	99	497	贸易	105	528	年龄	114
467	立	99	498	煤	105	529	年前	114
468	立场	99	499	煤气	105	530	牛	114
469	利润	99	500	门诊	105	531	牛仔裤	114
470	例外	99	501	迷人	108	532	农产品	114

序号 No.	词语 Vocabulary	页码 Page	序号 No.	词语 Vocabulary	页码 Page	序号 No.	词语 Vocabulary	页码 Page
533	女性	114	564	评论	122	595	敲	128
534	暖	114	565	凭	122	596	敲门	128
535	偶尔	114	566	泼	123	597	瞧	128
536	偶然	114	567	葡萄	123	598	琴	128
537	偶像	114	568	葡萄酒	123	599	勤奋	129
538	拍摄	115	569	期望	123	600	青	129
539	排除	115	570	齐全	123	601	清晨	131
540	旁	115	571	其	123	602	清理	131
541	陪	118	572	启动	123	603	情节	131
542	赔	118	573	启发	123	604	情形	131
543	赔偿	118	574	启事	123	605	晴朗	131
544	配备	118	575	起到	124	606	区域	131
545	配套	118	576	起码	124	607	全都	131
546	喷	118	577	气体	124	608	全世界	132
547	盆	118	578	气象	124	609	泉	132
548	披	119	579	签	124	610	劝	132
549	皮肤	119	580	签订	124	611	缺乏	132
550	皮鞋	119	581	签名	127	612	确立	132
551	脾气	119	582	签约	127	613	群体	132
552	匹	119	583	签证	127	614	群众	132
553	骗	119	584	签字	127	615	染	132
554	骗子	119	585	前景	127	616	绕	132
555	拼	119	586	前提	127	617	热量	132
556	频道	119	587	欠	127	618	热门	132
557	频繁	119	588	枪	128	619	人间	133
558	品（v.）	119	589	强度	128	620	人力	133
559	品（suf.）	120	590	墙壁	128	621	人士	135
560	品种	120	591	抢	128	622	人物	135
561	平坦	122	592	抢救	128	623	忍	135
562	平原	122	593	强迫	128	624	忍不住	135
563	评估	122	594	悄悄	128	625	忍受	135

序号 No.	词语 Vocabulary	页码 Page	序号 No.	词语 Vocabulary	页码 Page	序号 No.	词语 Vocabulary	页码 Page
626	认	135	655	舍得	140	686	实惠	148
627	认定	135	656	设想	140	687	拾	149
628	扔	136	657	社	141	688	使得	149
629	仍旧	136	658	社区	141	689	示范	149
630	如此	136	659	射	141	690	式	149
631	如同	136	660	射击	141	691	势力	149
632	如下	136	661	摄像	144	692	试图	149
633	入门	136	662	摄像机	144	693	视频	149
634	软	136	663	摄影	144	694	视为	149
635	软件	136	664	摄影师	144	695	收购	149
636	洒	136	665	伸	144	696	收集	149
637	散	136	666	深处	144	697	收拾	149
638	散文	137	667	深度	144	698	手段	150
639	杀	137	668	神	144	699	手法	150
640	杀毒	137	669	神经	145	700	寿司	150
641	沙漠	139	670	神奇	145	701	受灾	152
642	傻	139	671	神情	145	702	瘦	152
643	山区	139	672	升高	145	703	书法	152
644	扇（shān, v.）	139	673	生成	145	704	书柜	152
			674	声	145	705	书桌	152
645	扇（shàn, m./n.）	139	675	胜负	145	706	输出	152
			676	剩	145	707	蔬菜	152
646	扇子	139	677	剩下	145	708	熟悉	152
647	商标	139	678	失误	145	709	鼠	153
648	上级	140	679	师傅	146	710	鼠标	153
649	上下	140	680	诗歌	146	711	数目	153
650	上涨	140	681	十足	148	712	摔	153
651	稍	140	682	时常	148	713	摔倒	153
652	稍微	140	683	时光	148	714	率领	153
653	蛇	140	684	时机	148	715	双手	153
654	舍不得	140	685	时事	148	716	水产品	153

序号 No.	词语 Vocabulary	页码 Page	序号 No.	词语 Vocabulary	页码 Page	序号 No.	词语 Vocabulary	页码 Page
717	水分	153	748	桃花	160	779	完了	166
718	水库	153	749	桃树	161	780	微博	166
719	水灾	153	750	讨厌	161	781	为难	168
720	睡眠	154	751	特定	161	782	为期	168
721	说法	156	752	特性	161	783	为止	168
722	硕士	156	753	特有	161	784	为主	168
723	私人	156	754	提倡	161	785	违法	168
724	思维	156	755	提起	161	786	违反	168
725	四周	156	756	提示	161	787	违规	168
726	搜	156	757	题材	161	788	围绕	169
727	搜索	156	758	体积	161	789	唯一	169
728	宿舍	156	759	体力	161	790	委托	169
729	酸甜苦辣	157	760	天才	162	791	卫星	169
730	随后	157	761	天然气	164	792	胃	169
731	随意	157	762	天文	164	793	慰问	169
732	随着	157	763	调节	164	794	温和	169
733	岁月	157	764	调解	164	795	文艺	169
734	碎	157	765	厅	164	796	卧室	169
735	损害	157	766	停留	164	797	握	169
736	损失	157	767	通用	164	798	污染	169
737	所在	157	768	偷	165	799	污水	170
738	锁	158	769	偷偷	165	800	屋	170
739	台风	158	770	突破	165	801	无奈	172
740	抬	158	771	土豆	165	802	无疑	172
741	抬头	160	772	吐（tǔ, v.）	165	803	舞	172
742	太空	160	773	吐（tù, v.）	165	804	物价	172
743	弹	160	774	兔	165	805	物业	172
744	逃	160	775	团长	165	806	物质	172
745	逃跑	160	776	推行	165	807	误解	173
746	逃走	160	777	脱离	166	808	西红柿	173
747	桃	160	778	外界	166	809	西装	173

239

序号 No.	词语 Vocabulary	页码 Page	序号 No.	词语 Vocabulary	页码 Page	序号 No.	词语 Vocabulary	页码 Page
810	喜剧	173	841	歇	181	872	严厉	186
811	戏	173	842	协议	181	873	严肃	186
812	戏剧	173	843	协议书	181	874	言语	186
813	吓	173	844	斜	181	875	研究所	186
814	先后	173	845	心态	181	876	眼光	186
815	先前	173	846	心疼	181	877	邀请	186
816	鲜艳	174	847	辛苦	181	878	摇头	187
817	闲	174	848	欣赏	182	879	咬	187
818	显	174	849	信念	182	880	也好	187
819	现有	174	850	信箱	182	881	业务	189
820	现状	174	851	行驶	182	882	夜间	189
821	线索	177	852	形态	182	883	一流	189
822	献	177	853	性能	182	884	依法	189
823	乡	177	854	雄伟	182	885	依旧	189
824	乡村	177	855	熊	182	886	依据	189
825	相等	177	856	休闲	182	887	依照	190
826	相应	177	857	修复	182	888	一辈子	190
827	香肠	177	858	修建	183	889	一带	190
828	详细	178	859	修养	183	890	一旦	190
829	享受	178	860	虚心	183	891	一句话	190
830	向导	178	861	许可	185	892	一路	190
831	向前	178	862	选修	185	893	一下儿	190
832	向上	178	863	学科	185	894	一下子	190
833	相声	178	864	学位	185	895	一向	191
834	象征	178	865	学者	185	896	乙	191
835	消除	178	866	寻求	185	897	以便	191
836	消毒	178	867	询问	185	898	以往	191
837	消防	179	868	押金	185	899	一口气	191
838	消费者	179	869	鸭子	186	900	一身	191
839	消极	179	870	亚军	186	901	意识	194
840	小偷儿	179	871	延伸	186	902	意味着	194

序号 No.	词语 Vocabulary	页码 Page	序号 No.	词语 Vocabulary	页码 Page	序号 No.	词语 Vocabulary	页码 Page
903	意志	194	934	预期	199	965	增大	206
904	因而	194	935	元旦	199	966	增多	206
905	饮料	194	936	园林	199	967	增强	206
906	饮食	194	937	原理	199	968	赠	207
907	印刷	194	938	原始	199	969	赠送	207
908	应	195	939	原先	199	970	摘	207
909	硬	195	940	原有	200	971	展览	207
910	硬件	195	941	远处	202	972	展示	207
911	拥抱	195	942	怨	202	973	展现	207
912	拥有	195	943	愿	202	974	占领	207
913	用不着	195	944	约束	202	975	占有	207
914	用户	195	945	月饼	202	976	涨	207
915	用来	195	946	月球	202	977	涨价	207
916	用于	195	947	阅览室	202	978	掌握	208
917	优惠	195	948	运	202	979	招生	208
918	优先	196	949	运行	203	980	招手	208
919	幽默	196	950	灾	203	981	珍贵	210
920	尤其	196	951	灾害	203	982	珍惜	210
921	由此	198	952	灾难	203	983	珍珠	210
922	犹豫	198	953	灾区	203	984	真诚	210
923	游泳池	198	954	再次	203	985	真理	210
924	友谊	198	955	再也	203	986	真相	210
925	有毒	198	956	在场	203	987	诊断	210
926	有害	198	957	在内	203	988	振动	210
927	有力	198	958	暂时	203	989	震惊	211
928	有利于	198	959	暂停	203	990	争议	211
929	有着	199	960	糟	204	991	正版	211
930	羽毛球	199	961	糟糕	206	992	正规	211
931	羽绒服	199	962	早期	206	993	正如	211
932	雨水	199	963	增	206	994	正义	211
933	预备	199	964	增产	206	995	证实	211

序号 No.	词语 Vocabulary	页码 Page	序号 No.	词语 Vocabulary	页码 Page	序号 No.	词语 Vocabulary	页码 Page
996	证书	211	1027	终身	218	1058	紫	225
997	挣	211	1028	终止	219	1059	自豪	225
998	挣钱	211	1029	中毒	219	1060	自杀	225
999	之内	212	1030	众多	219	1061	自愿	227
1000	之外	212	1031	周期	219	1062	总裁	227
1001	之下	214	1032	竹子	219	1063	总数	227
1002	之中	214	1033	主办	219	1064	总算	227
1003	支出	214	1034	主导	219	1065	总体	227
1004	支配	214	1035	主观	219	1066	阻碍	227
1005	执行	214	1036	主管	219	1067	组织	227
1006	直线	214	1037	主体	220	1068	醉	228
1007	值班	215	1038	助理	220	1069	尊敬	228
1008	职能	215	1039	助手	220	1070	尊重	228
1009	职位	215	1040	注册	220	1071	遵守	228
1010	职务	215	1041	注射	223			
1011	只不过	215	1042	注视	223			
1012	只见	215	1043	注重	223			
1013	指标	215	1044	祝贺	223			
1014	指甲	215	1045	专辑	223			
1015	指示	215	1046	专利	223			
1016	指责	215	1047	转化	223			
1017	至	215	1048	转换	223			
1018	制成	216	1049	转让	224			
1019	制约	216	1050	转向	224			
1020	治安	216	1051	装饰	224			
1021	治理	218	1052	撞	224			
1022	中断	218	1053	资本	224			
1023	中秋节	218	1054	资产	224			
1024	中央	218	1055	资助	224			
1025	中药	218	1056	子弹	224			
1026	终点	218	1057	仔细	224			